AF543982

ВИКТОРИЯ ТОКАРЕВА

Сборники произведений
Виктории Токаревой
в издательстве «Азбука-Аттикус»

О том, чего не было
Летающие качели
Ничего особенного
Извинюсь. Не расстреляют
Сказать — не сказать…
Римские каникулы
Антон, надень ботинки!
Можно и нельзя
Почем килограмм славы
Этот лучший из миров
Мужская верность
Птица счастья
Террор любовью
Дерево на крыше
Тихая музыка за стеной
Короткие гудки
Так плохо, как сегодня
Сволочей тоже жалко
Муля, кого ты привез?
Мои мужчины
Немножко иностранка
Кругом один обман
Дома стоят дольше, чем люди
Дом за поселком
Жена поэта
Остановись, мгновенье…

Виктория Токарева

Остановись, мгновенье...

Повесть и рассказы

Санкт-Петербург

УДК 821.161.1-3Токарева
ББК 84(2Рос-Рус)6-44-я43
Т51

Токарева В.

Т51 Остановись, мгновенье… : Повесть и рассказы. — СПб. : Азбука, Азбука-Аттикус, 2020. — 240 с.

ISBN 978-5-389-18540-1

«Когда долго смотришь на солнце, потом не видишь ничего вокруг себя. Все обесцвечено.

Так и я. Жила, ничего не видя вокруг себя. А на что смотреть?

Меня спасала семья, которая стояла прочно, как скала. Меня спасали мои ненаписанные книги и мой талант, хотя и нескромно об этом говорить. Талант — как грудной ребенок: орет, требует, его надо обслуживать, забывая о себе. Мой талант держал меня на плаву и говорил: "Ничего не кончилось, все еще будет"».

Виктория Токарева

УДК 821.161.1-3Токарева
ББК 84(2Рос-Рус)6-44-я43

ISBN 978-5-389-18540-1

И жизнь, и слезы, и любовь…

повесть

Меня пригласили на передачу «Судьба человека».

Человек — я. Судьба — это характер. А может быть, характер ни при чем, все записано заранее в книге судеб. Так или иначе, пришлось пробежаться памятью по своей жизни. Как гармонист по кнопкам. Пробежаться и послушать звучание. Каково оно? Весело? Грустно? Или просто собачий вальс…

Удалась ли мне моя жизнь, или все пошло наперекосяк?

Чего я добилась? Что сбылось из того, о чем мечтала?

В свои двадцать лет я мечтала напечататься в журнале «Юность». И я напечатала статью под названием «Страна чудес». Я даже не помню, о чем эта статья. Какая-то мура собачья. Но статья вышла в журнале «Юность». Там стояла моя фамилия. Счастье.

В это время я уже была замужем за Игорем Дьяченко и жила в Москве на улице Горького, в доме, где помещался ресторан «Баку». Самый центр. Мы жили с родителями Игоря. Их звали Софья Ефимовна и Лев Ильич. Соня и Лева. Им в ту пору было по пятьдесят с небольшим. Молодые еще люди, но мне, двадцатилетней, они казались почти стариками.

Соня до войны работала в организации, которая называлась Коминтерн — Коммунистический интернационал.

Чем занималась Соня? Это был большой секрет. Со временем секрет приоткрылся. Соня внедряла наших шпионов в другие страны. Шпион должен был куда-то приехать, с кем-то встретиться, пароль, то-се. Ни в коем случае не провалиться, иначе Соне не сносить головы.

Соня была молодая, синеглазая, стройная. Двигалась стремительно, как подстегнутая лошадка.

Ей поручали встречать высоких гостей. Почему? Она была красивая и сообразительная. Ей не надо два раза повторять, все понимала с полуслова.

Однажды Соня в красной косыночке встречала важного гостя — лидера зарубежной коммунистической партии. Она стояла, исполненная гордости, но вдруг захотела по малой нужде. Физиология вмешалась весьма некстати. Отойти было нельзя, но и терпеть невозможно. Соня надеялась, что позыв как-то рассосется или хотя бы ослабнет, но нет. Еще секунда — и лишнее потечет самотеком, и лидер коммунистической партии станет свидетелем большого позора и может даже усомниться в базовых ценностях коммунизма, построенного в одной отдельно взятой стране.

Сонечка метнулась в туалет, который находился в шаговой доступности, и в этот момент, именно в эту секунду, вошел лидер с сопровождением. Его никто не встречал. Лидер растерянно оглядывался. Скандал!

Лидер выразил свое недоумение, и в эту минуту вернулась Сонечка — синеглазая и виноватая, буквально преступница.

Сопровождение разинуло пасть и стало избивать Сонечку словом. Сонечка зарыдала. Лицо ее собралось в такую горестную гримасу, а слезы хлынули таким водопадом, что лидер не выдержал и обнял Сонечку. Услышал под ладонями ее юное тепло, ощутил на своих губах морскую влагу ее слез. И влюбился.

Сонечку повысили по службе. Лидер все никак не мог справиться со своим чувством. Разгорелся роман.

У Сони к тому времени уже был муж Лева и сын Игорь. Она попала в сложное положение. Семья — святое, но Лева был комсомолец, а лидер — коммунист. Соня жила под гипнозом высоких идей. Лидер перевешивал на весах жизненных перспектив. Однако Лева — законный муж, а лидер законы игнорировал. Жил одним днем и ничего не обещал. Только слова. Слов он не жалел, сыпал как из мешка. А потом и вовсе уехал в свою страну и в свою семью.

Соня не стала тратить время на бесплодные страдания. Она быстро забеременела и родила второго ребенка — девочку Светочку. Светочка оказалась копией Левы, так что Сонечка как бы удвоила Леву и тем самым укрепила семейную жизнь. А лидер ушел в культурный слой ее памяти. Было и прошло. А может, и не прошло, но все равно надо жить настоящим.

Настоящее — это дети, живые и теплые, и муж Лева — тоже живой и теплый. А тут еще война. Эвакуация. Хождение по мукам.

Война окончилась. Мнительный Сталин всех подозревал в заговоре, никому не верил и на всякий случай убил Михоэлса, посадил жену Молотова, обезопасил себя от мнимых врагов.

Начались массовые посадки, интеллигенция втянула головы в плечи. Никто не забыл террор тридцать седьмого года. Надеялись, что война прекратит эту инквизицию, переведет стрелку с минуса хотя бы на нуль. Но нет.

Сталинская паранойя не ослабла, мания преследования крепла, взметнулась новая волна.

Сотрудников Коминтерна начали сажать. Черная машина приезжала ночью.

Соня ждала со дня на день, но за ней никто не пришел. Видимо, она была слишком мелким винтиком в государственной мясорубке. Про нее забыли. И она уцелела. Затерялась. Но напряжение ожидания… Иногда казалось, что лучше бы уже пришли и взяли и посадили в камеру. Все-таки определенность. Определенность — лучше ожидания. Хотя как знать…

Коминтерновцы жили в гостинице «Националь» — десять минут от Кремля.

Соне нравился центр. Выходишь на улицу, идешь в потоке людей и заряжаешься энергией потока. Хорошо.

Коминтерн стали расселять. Вместо центра предложили задворки Москвы. Сейчас это — красные дома в районе метро «Университет». Элитный район. А тогда — край Москвы, избушки на курьих ножках, ходят коровы, лают из-под заборов собаки, бабушки в платочках продают корявые яблоки, блохастые цветы.

Соне казалось, что с роскошного парохода в огнях их переселяют на старую баржу, где мусор, ржавые бочки и сплошные сумерки.

Бедная Соня не умела смотреть вперед. В красных домах предлагали отдельную трехкомнатную квартиру. На семью из четырех человек это было необходимо и достаточно. Но Соне нужен был центр, и только центр, и она получила улицу Горького, дом двадцать четыре, в котором размещался ресторан «Баку». Ей досталась тридцатиметровая комната в коммуналке. Соня наняла пару работяг. Они разделили комнату пополам, поставили тонкую стенку. Обклеили обоями. Получилось две кишки.

В эти две кишки Игорь привез еще и жену. То есть меня. Только меня там и не хватало. Но как же хорошо мы жили! Вот уж действительно: в тесноте, да не в обиде.

Коммунальная квартира

Квартира, в которую въехала Соня, состояла из четырех комнат. В каждой комнате — семья.

Напротив нас жила женщина неопределенного возраста. По имени ее никто не называл, все звали «Рыжая». Она красилась в рыжий цвет.

и жизнь, и слезы, и любовь...

До моего приезда Рыжая жила с мужем Яшей, но потом Яша пропал. Он ушел к молодой, которая родила ему ребенка. Престарелый Яша стал отцом. Ребенок плюс молодая жена — серьезный перевес не в пользу Рыжей.

Рыжая ходила подавленная. Однажды я случайно подслушала ее телефонный разговор с бывшим мужем. Она уговаривала Яшу вернуться. Меня поразили ее нежные молодые интонации. Рыжая напоминала Яше золотые времена, когда они оба бродили под покровом любви.

Яша не поддавался. Прошлое ушло в прошлое. Рыжая плакала возле телефона. Ее любовь похоронили, зарыли в землю, а любовь еще жива и вопиет.

Я в это время находилась в ванной комнате, невольно слышала разговор и удивлялась: как может такая старая и некрасивая любить сама и рассчитывать на ответное чувство?

Яшу я однажды видела: возрастной, приземистый еврей в каракулевой шапке «пирожок». Не Ромео. И надо же, кто-то на него польстился. Чудеса.

Иногда Рыжая уезжала в Крым, к больному брату. Комната целый месяц стояла пустой. Яша давал ключи своим друзьям — старым прелюбодеям, и они приводили в комнату подруг низкой социальной ответственности (современное выражение). А если попросту, дешевых шлюх.

В это время кто-то обязательно находился на кухне и видел, как по коридору шествует грешная пара: баба, похожая на метлу, и мужик — копия Яша, такой же приземистый и в таком же «пирожке».

Смотреть на это было стыдно. И противно, когда твое жилище превращают в бордель, пусть даже временный.

Рыжая возвращалась. Бордель прикрывался. Ей никто ничего не говорил. Она не знала.

Однажды Рыжая получила письмо из Крыма. Жена брата сообщала, что больше она не останется с больным человеком. Пусть Рыжая забирает его в Москву, поскольку один он оставаться не может.

Рыжая пришла в ужас. Присутствие брата-инвалида буквально зачеркивало ее жизнь. Но делать нечего.

Брат появился в нашей коммуналке. Большую часть времени он находился в комнате, но иногда выходил погулять в коридор. Это был мужчина непонятного возраста — от сорока до семидесяти. Лицо отражало отсутствие всякой мысли. Видимо, мозг не работал.

Он стоял слегка под углом, пробовал ходить, иногда громко пукал и после этого пробегал вперед несколько шагов. Сие напоминало запуск космической ракеты. Из хвоста вылетает жар, после чего ракета устремляется ввысь.

Рыжая его жалела. Я видела, как она готовит ему диетическую еду: морковь, яблоки, сливки. Должно быть, это вкусно. Рыжая вообще была рукастая, опрятная, ответственная — идеальная жена. Потеряв мужа, она потеряла смысл жизни. Больной брат в какой-то степени восполнил этот смысл.

Соседи не играли никакой роли в моей жизни. Почему я пишу о них так подробно? Потому что далекое прошлое помнится гораздо ярче и отчетливее, чем близкое вчера и позавчера. Это особенность человеческой памяти.

Рядом с нашей комнатой жила семья из четырех человек: Шурочка, ее муж Владик и двое маленьких детей.

Работал один Владик. Он всегда ходил в белой рубашке под галстук, из чего я сделала вывод: Владик — чиновник. Он был высокий, красивый, породистый, вполне молодой. Я ему нравилась. Шурочка это видела и бесилась.

Я ничего не замечала. Я была влюблена в своего мужа, и другие мужчины для меня не существовали. Так что перед Шурочкой я была чиста, как капля росы на траве.

Однажды я приобрела шапку из рыси. Вышла на кухню показать себя во всей красе. На кухне стоял Владик. Я спросила:

— Красиво? — и повернулась вокруг своей оси.

— Ты еще юбку задери, — предложила Шурочка.

— Зачем? — не поняла я.

— Покажи, как там: красиво или не очень?

Соня пробовала борщ. Рот ее был занят. Она промолчала.

Владик за меня не вступился, и правильно сделал. Зачем подливать масла в огонь?

Я посмотрела на всю эту компанию и сказала:

— Какие вы все противные! — и удалилась в свою комнату, исполненная достоинства.

Соня вошла следом. Я думала, она будет ругать меня за грубость, но у Сони было хорошее настроение и приветливое лицо. Она все понимала: Владик — бабник, Шурочка — на страже своих границ, как пограничник, а я — чистый лист, на котором еще никто и ничего не написал.

Мой жизненный опыт был неглубокий и прозрачный, как вода у берега. Впереди — бескрайнее пространство, а также огонь, вода и медные трубы. Но я об этом еще ничего не знала.

Иногда Шурочка не желала готовить, а заказывала обед в ресторане «Баку». Ей приносили на дом изысканные блюда с мусульманским акцентом. Запах мяса, жаренного на углях, растекался по всей квартире. Сонечка недоумевала: откуда такое барство? Одна зарплата Владика на семью из четырех человек, не всегда получается свести концы с концами. А тут — ресторан, да еще на дом… Откуда столько гонора у людей с голым задом?

Я думаю, Соня немножко завидовала. Она не могла позволить себе такое даже в мыслях. А Шурочка — позволяла. Это был ее протест против наезженной колеи. Шурочке надоедало тащиться, как лошади, запряженной в телегу, и ничего не видеть вокруг. Время от времени лошадь останавливалась и переворачивала телегу. А иногда и вовсе вырывалась из упряжки и скакала по дорогам и по заснеженным полям.

Шурочка далеко ускакать не могла. Семья. А Владик ускакал в конце концов.

Это случилось после того, как мы съехали с улицы Горького. Он звонил мне по новому телефону, хотел поговорить. А я каждый раз не понимала: о чем мне с ним разговаривать? С Шурочкой или без Шурочки он был мне неинтересен.

Теснота и бедность ничему не мешали. Но я понимала: надо что-то делать. Надо карабкаться. Какое-то время можно жить так, но не всегда.

Я устроилась работать учительницей пения в подмосковной, практически сельской школе. Директор школы — сорокалетний осетин — взял меня на работу по двум причинам. Первая причина — вакансия, свободное место. А вторая причина — мои двадцать два года.

Осетин был всегда небрит, и казалось, что на его щеках — зеленоватая плесень.

Я не понимала, чего он от меня хочет, зачем вызывает в свой кабинет. Он тем не менее вызывал и начинал медленно приближаться. Я медленно отдалялась. Мы плавно ходили вокруг стола. Потом я оказывалась возле двери и спортивно выскакивала в коридор.

Меня поражала мужская самоуверенность. Неужели этот заплесневелый пень на что-то рассчитывает? Куда он лезет? Видимо, директор считал себя барином, а подчиненных — дворней. Ему можно все. Но не на такую напал. Я могла и в морду плюнуть. Однако зачем этот спектакль? Я просто ушла с работы без сожаления. Пение — предмет необязательный. Дисциплина на уроках отсутствовала. Ученики со мной не считались, могли дернуть за волосы. Строили рожи за моей спиной.

Я возвращалась домой несчастная и униженная. Жаловалась мужу. Он говорил:

— Не обращай внимания. Я у тебя есть, и все. Что еще надо?

и жизнь, и слезы, и любовь...

Он у меня был, а я была у него. Мы были друг у друга, только этого мало, хотелось чего-то еще. Хотелось реализации своего «я». Чтобы все вдруг замерли и воскликнули: «Смотрите, кто пришел!»

Для полного счастья одной любви недостаточно. Может, кому-то и достаточно, но не мне.

Однажды мы с Игорем отправились в Парк культуры имени Горького. Было воскресенье, ранняя осень.

Купили билеты на колесо обозрения. Колесо подняло нас над Москвой, на самую высокую точку.

Я вдруг сказала:

— Вот так и я поднимусь когда-нибудь надо всеми.

Игорь покосился в мою сторону и заметил:

— У тебя мания величия, иди полечись...

А никакой мании не было. Просто я чувствовала в себе дополнительную тугую энергию и верила в себя.

Игорь был всем доволен. Ему не хотелось куда-то лезть, высоко подниматься. Ему было хорошо на своем месте, и мое тщеславие его настораживало и даже пугало. А вдруг я действительно вырвусь из его пространства и меня украдут, переманят?

Кресло покачивалось от ветра. Москва лежала в дымке. Жизнь только набирала обороты, как маховое колесо. Еще не кончилась юность, впереди молодость и зрелость. Дальше я не заглядывала.

Я была молода, а значит, бессмертна. И неисчерпаема, как море.

В Москве было место, где собирались жаждущие снять жилье и сдать. Мы с Игорем приехали на эту площадку. Серая нищеватая толпа перетаптывалась под открытым небом. Все бедные, плохо одетые, на лицах — обреченность. И я среди них, такая же нищеватая и обреченная. Ничего стоящего не предлагается. Перспективы — никакой.

Я поглядела на Игоря. Он стоял, как на автобусной остановке в ожидании автобуса. На лице никакой энергии, никакого азарта. Просто стоял, и все. Шапка из серого кролика была дешевая. Не украшала. И я вдруг поняла: он всю жизнь так и будет стоять, как на остановке. Он не борец. Не лидер. И даже не ведомый. Он не поведет за собой. И сам ни за кем не пойдет. Ему и так хорошо. И если я хочу чего-то добиться, я должна это делать сама и одна. Эта догадка пронзила меня и опечалила. Как будто я что-то потеряла.

Мы потоптались безрезультатно и поехали домой, в свою коммуналку.

Через полгода нам улыбнулась удача: вдовая генеральша сдавала проходную комнату.

и жизнь, и слезы, и любовь...

Мы пришли посмотреть: я, Игорь и Соня. Я — впереди.

Вошли в дверь. Первое, что я увидела, — громадную морду овчарки. Ее звали Ральф. Это я узнала впоследствии. А сейчас было не до знакомства. Ральф долетел до меня, ухватил зубами плечо и замотал башкой в экстазе гнева. Я взвыла от боли и ужаса. Старая генеральша сделала Ральфу замечание. Тот отошел от меня и залез под стол. Я рыдала, не могла успокоиться. Сквозь разорванный рукав виднелся лиловый синяк величиной с блюдце. Следовало уйти из этого дома, но выбора у нас не было, и мы остались.

Я сидела и тихо плакала. Ральф преданно глядел на Игоря, он выбрал его вожаком. На меня не обращал внимания.

Мы остались жить у генеральши и Ральфа.

Наша любовь с мужем имела высокий градус. Можно сказать, полыхала, как факел. Но с тех пор я сомневаюсь в пословице «С милым рай и в шалаше». В шалаше холодно и течет. Бедность нашего жилища. Ветхость самой старухи. Ее геморройный голос, собачья шерсть на постели и на столе... Казалось, что так будет всегда.

Я жила на ощупь. Искала себя. Отправилась в журнал «Юность» и получила задание: собрать материал о сельскохозяйственной выставке. Собрала. Написала статью. Это было начало моей писательской карьеры.

Статью опубликовали. Моя фамилия — в журнале «Юность». Я — настоящий писатель, которого печатает столичный журнал.

Получив гонорар, я пригласила всю семью в ресторан: Соню, Леву, Игоря, Светочку. Мы сидели в ресторане «Центральный» принаряженные, торжественные. Это была наша общая радость и победа.

Сколько у меня было потом публикаций и премьер и сколько раз я праздновала эти события в ресторанах! Но то первое посещение стоит особняком. Это было так торжественно, так чисто и свято. Со мной была семья, а не люди со стороны. Я была часть семьи, часть целого. Семья — главная ценность человека. Она поддерживает слева и справа. Не дает провалиться и опуститься.

Из ресторана мы возвращались на метро. Эскалатор вез нас вверх, и я буквально возносилась.

Прошло полвека, а я в деталях помню этот поход и это возвращение, хотя что особенного? Ничего особенного…

«Кто весел, тот смеется, кто хочет, тот добьется, кто ищет, тот всегда найдет».

Я нашла кооператив художников, двенадцать минут до Кремля. На автобусе, разумеется.

и жизнь, и слезы, и любовь...

Деньги собирали с большим напрягом. Моя мамочка сгребла свои трудовые копейки. Соня одолжила везде, где смогла. Обрекла себя на длительную выплату долга.

Председатель кооператива некий Волков — простоватый, мелкоглазый — рассказывал мне о своей трагедии: его дочка-школьница попала под грузовик. Погибла. И теперь он хочет сменить прежнюю квартиру на новую, чтобы ничего не напоминало. Я сочувственно кивала головой. Что тут скажешь? От Волкова зависело, попадем ли мы в кооператив. Все же мы не художники и не имеем права.

Для закрепления дружбы я пригласила Волкова в гости на улицу Горького.

Соня угощала важного гостя обедом: блинчики с мясом, обильно политые сметаной. Волков ел и оценивал обстановку: культурные родители, милые люди. Взятка не светит. Только блинчики. Но личное несчастье размягчило его душу, и Волков принял нас в кооператив.

Муж ходил на жеребьевку. Нам досталась квартира на седьмом этаже. Буквально седьмое небо. Соседи — молодые художники. Двери не запирали. Все бегали друг к другу в гости в любое время суток. Это были даже не гости. Просто шло непрерывное молодое общение. Цыганская таборная жизнь. Весело.

Соня и Лева были счастливы, поскольку их сын пребывал в полном порядке. Он работал в НИИ (научно-исследовательский институт), получал сто двадцать рублей в месяц. Мало, но тогда всем так платили. Такая была страна. Ее выстроила Соня, сидя в Коминтерне. Не одна, конечно, в большой компании. Советский Союз — детище Сони, и она любила свою страну, верила в нее, и откровенная бедность бытия ее не смущала. «Как все, так и я».

А меня смущала. Я не хотела быть как все. Я собралась карабкаться по отвесной стене. Куда? Вверх. Сверху дальше видно, и воздух чище, и никакой толкучки. Только избранные.

Надо было с чего-то начинать, и для начала я устроилась в музыкальную школу. Преподавала фортепиано, десять учеников в день. Это много. Я уставала. Возвращаясь домой, выла от усталости. На меня оборачивались: идет девушка и воет.

Я выла не только от усталости, но и от отвращения. Преподавать музыку — не мое. Мое — слушать.

Директор школы Галина Петровна поручила мне организовать встречу учеников с каким-нибудь поэтом, желательно со знаменитым.

Я стала искать поэта. Достала с десяток телефонов. Принялась обзванивать. Девять из десяти были пьяные и моим предложением не заинтересовались. Десятым оказался Сергей Михалков. Он был совершенно трезвый и неожиданно согласился встретиться с детьми. Назначил день. Вторник.

Поэт попросил меня позвонить во вторник в десять утра. Подтвердить.

Я позвонила в одиннадцать. Мне не хотелось быть настырной.

— П-почему ты звонишь на час позже? — возмутился великий Михалков. — Тебе все равно: десять или одиннадцать?

Я растерялась. А потом поняла: точность — вежливость не только королей, но и всех воспитанных людей.

Сергей Владимирович — настоящий аристократ, и это было заметно во всем: в облике и в манерах.

Михалков выступил в нашей школе, читал свои прозрачные стихи.

Мы познакомились. Его поразило то, что в свои двадцать четыре года я занимаюсь таким серьезным делом — преподаю фортепиано. Он меня зауважал. С удивлением повторял: «Уч-чительница…» На прощание поцеловал руку.

Потом исчез, вернулся в свою жизнь, исполненную творчества, славы, богатства. А я осталась там, где стою, вернее, где сижу: «Детский альбом» Чайковского, этюды Черни, ригодон, журчание… Откуда журчание? Это мой собственный храп. Я засыпала во время урока. Ученик переставал играть, оборачивал ко мне удивленное лицо. А я спала, сидя рядом, и улыбалась во сне.

Какое-то время так жить можно, но не всегда.

Я решила поступать во ВГИК (Институт кинематографии), на сценарный факультет. Я выбрала сценарный, поскольку мои литературные способности просились и пробивались наружу. Они выражались в том, что я очень интересно рассказывала. Меня хотели слушать.

Всесоюзный институт кинематографии находился у черта на рогах. Возле сельскохозяйственной выставки. От улицы Горького час на троллейбусе.

Игорь ходил хмурый. Ему казалось, более того, он был уверен, что я поступаю в бордель. Соня и Лева не знали, как относиться ко ВГИКу. Хорошо это или плохо.

Они видели, конечно, что их сын ничем не увлечен и согласен всю жизнь просидеть на одном месте в одном статусе. Может быть, в этом была высшая мудрость: «Летай или ползай, конец известен, все в землю лягут, всё прахом будет». Но ведь до конца, который известен, надо как-то дожить: либо летая, либо ползая. Это разное времяпрепровождение, разные настроения.

Я нравилась Соне и Леве. Они меня поддерживали и даже любили. Но Игорь был дороже. Это их сын, их кровь, а я — человек со стороны. Человек качественный, трудолюбивый, но — со стороны.

Я сдала документы. Приехала на собеседование, и выяснилось, что опоздала. Собеседование прошло днем раньше. Я зарыдала и с воем помчалась в деканат. На дороге мне попалась Катерина Виноградская — преподаватель сценарного мастерства. Она набирала себе курс. Я воткнулась в нее и стала бормотать: «Я опоздала, я не знала, я хотела…» — и так далее. На моем лице было столько горя, от меня исходило такое отчаяние, как будто меня приговорили к смертной казни. Катерина Николаевна оторопела и прониклась.

Я была допущена до экзаменов и стала их сдавать.

Во ВГИК меня не взяли. Я недобрала одного балла.

Я приехала на Горького. Семья сидела за столом, пила чай. Все подняли на меня глаза. Я шибанула свою сумку об стену, прошла во вторую комнату-кишку и рухнула там на кровать как подстреленная, уткнулась в подушку.

Рыдания неслись приглушенные, но тело сотрясалось от моего внутреннего землетрясения. Во мне все рушилось, рвалось и умирало.

Родители, Игорь и Светочка тихо приползли в комнату, окружили мое поверженное тело, скорбно молчали. Игорь тоже расстроился. Казалось, он должен быть доволен, я оставалась в его пространстве, при нем, можно жить спокойно, как прежде. Но он видел: я несчастна в этом его пространстве. Я рвусь как зверь из капкана. Он любил меня больше, чем себя. И внутренне согласился: пусть все будет по-моему, так, как я хочу.

Я еще не понимала: это редкий вид любви, идеальная любовь, когда нет никакой торговли: «Ты мне — я тебе». Только ты, только тебе, а мне ничего не надо, только будь.

Когда человек ничем не увлечен, он любит тех, кто рядом. А когда человек гениален, как Эйнштейн, для него люди — мусор. Он не в состоянии думать ни о ком, кроме себя и своей идеи.

Вечером к Соне зашла тетя Валя, мама Шурочки, приехавшая в гости из деревни. Она вызвалась погадать мне на картах. Карты показали, что появится козырный король и принесет исполнение желаний. Я поступлю в институт.

Бред. Какой король? Кто меня примет, когда экзамены уже закончились?

и жизнь, и слезы, и любовь…

Но оказалось — не бред. Я позвонила Михалкову и зарыдала в трубку. Он не мог понять, кто там страдает и чего хочет. Я напомнила, кто я и что произошло. Сергей Владимирович тут же вспомнил девушку-учительницу, вспомнил свое уважение и принял участие. Он позвонил ректору ВГИКа. Ректор взял список сценарного факультета и вписал туда мое имя. Оказывается, был недобор. На другой день вывесили списки принятых, и там красовалась моя фамилия. Карты не наврали. Вот и не верь после этого.

На первое занятие я явилась с гордо поднятой головой. Я победила судьбу. Сквозь тернии к звездам. Но мой курс не разделил моей гордости. Было очевидно, что я блатная. А это оскорбляло их избранность и «святую к музыке любовь». Не к музыке, конечно, к литературе и кино. Они ступили в «город золотой с прозрачными воротами и яркою звездой». И я ступила туда же по блату, в сущности самозванка.

Меня невзлюбили. За что? А вот за это, за прическу бабетта и за талию шестьдесят сантиметров.

Сценарий — это мысль. А какая мысль может родиться в моей голове? Я могу рассчитывать только на козырных королей, сначала одного, потом другого.

И вдруг...

Профессор Вайсфельд объявляет задание: немой этюд. Я пишу этюд «Снег в июне». Про тополиный пух. Не совсем про пух. Про любовь, естественно. И Вайсфельд ставит мне пятерку. Больше никому, только мне одной.

А в группе гениальная Мокеева, многоумная Рыбкина, самородок Харламов. Им — четверки, а мне — огурцу-пустоцвету — высший балл.

Группа сбилась в стаю и пошла к Вайсфельду с протестом: «Почему вы поставили Токаревой пятерку, когда всем известно, что за нее написал Харламов?»

Вайсфельд выслушал и ответил:

— Это надо доказать.

Все остались при своих. Группа — с благородным негодованием. Я — с пятеркой. Вайсфельд — со своим абсолютным слухом мастера. Он мог услышать талант из-под земли.

Юра Харламов остался со своей неистребимой любовью ко мне. Он полюбил меня с первого взгляда. Группа пыталась вытравить из него это чувство. Говорили: «Она тобой поиграет и бросит».

Я не играла. Его чувство грело меня, и мы всегда садились рядом. Юра спрашивал:

— Что я должен сделать, чтобы ты стала моей?

— Ты должен стать знаменитым, как Юрий Казаков, — отвечала я.

и жизнь, и слезы, и любовь...

Юрий Казаков сегодня почти забыт, но в шестидесятые годы он был знаменит. Его сравнивали с Буниным.

Я имела счастье познакомиться с Казаковым лично. Это был рыхлый, спившийся, запущенный, очень неприятный тип. Юра Харламов — много лучше: молодой, спортивный, нерастраченный, способный на сильные чувства.

Юрий Казаков рассказал мне при знакомстве, как он с Евтушенко посетил университет: они вошли в полный зал, конферансье объявил: «Среди нас присутствуют поэт Евгений Евтушенко и писатель Юрий Казаков». Весь зал встал. Шквал аплодисментов.

«Приятно? Приятно. И нечего пердеть», — заключил Казаков.

Я запомнила этот афоризм. И он часто меня посещает, когда мне что-то очень нравится. Я спрашиваю себя: «Приятно? Приятно...» — и так далее.

Юра Харламов не стал знаменитым. И я не ответила на его любовь. Группа оказалась права, как это ни жестоко.

Надо сказать, что никто из моей группы никуда не влез по отвесной стене. А может, и не пытались.

Мало кто из вгиковцев становятся известными сценаристами. Талант — редкость. Природа не заинтересована в большом количестве талантов. Нужны рабочие муравьи, как в муравейнике. А иначе кто работать будет?

Светочка была круглая отличница и шла на золотую медаль.

В десятом классе она влюбилась в Марика.

Марик учился на крепкое три. Не дурак. Просто лентяй.

Высокий, сутулый, некрасивый. Но это мне некрасивый, а у Светочки буквально жгло глаза от его красоты.

Из Светочки получилась справная девушка: нежная кожа, как лепесток тюльпана, хорошая грудь, тонкая талия. Низкий умный голос, сдержанность, за которой прятались сильные чувства. Около Светочки было приятно находиться. Она — как фильтр, очищала и освежала все вокруг. Воздух становился чище, и даже дурные мысли разбегались и прятались. Счастливым будет тот человек, кого она выберет.

Светочка выбрала Марика. Была скромная свадьба. Белое в цветочек платье, похожее на пляжный сарафан. Откуда деньги? У Левы и Сони свободных денег не было, одни долги. А родители Марика в расходах не участвовали. Считали, что Марик сам по себе большой подарок.

После свадьбы Светочка с Мариком отправились на пустую дачу Марика. Сонечка собрала сумку с едой, сложила туда баночки, кастрюльки — все самое вкусное, на что была способна. Светочка повезла на дачу свою нетронутую девственность и надежду на счастье. Все это вместе с сумкой было положено на алтарь любви.

Светочка и Марик удалились в незабываемые минуты своей жизни, а Сонечка удалилась в спальню и тихо плакала. О чем? Трудно сказать. Может быть, ей было жалко хрупкую, неприспособленную Светочку, которая переходила в другую, взрослую, жизнь и в ненадежные руки Марика.

На дворе — шестидесятые годы. Время дефицита. Вся страна ела одно и то же: вареную колбасу под названием «Докторская», филе трески, заветренное мясо на костях.

Подруга Нателла (грузинка) познакомила меня с мясником Славой из соседнего гастронома. Грузины умеют вкусно кушать.

Я спускалась в подвал, Слава отрезал от мясной туши роскошный кусок с сахарной косточкой посредине. Такое мясо было жалко есть. Его хотелось рисовать. Получился бы натюрморт, как на полотнах голландцев.

— Где ты это взяла? — удивилась моя свекровь.

— В соседнем гастрономе.

— Там этого нет. Я сегодня туда заходила.

— Вы не туда ходите, — объяснила я. — Надо идти в подвал к Славе.

Соня не поняла:

— К какому Славе?

— В подвале дают дефицит, — растолковала я. — Деньги мимо кассы, Славе в карман.

— Значит, он ворует? — догадалась Соня.

— А это не наше дело.

— Ты ошибаешься. Это именно наше дело.

Сонечка была комсомолка тридцатых годов, у нее было свое мировоззрение: «общественное выше личного».

— Я не буду разворовывать страну по подвалам, — строго объявила Соня.

— Другие разворуют.

— Пусть другие воруют, а я не буду. Я не для того строила это общество, чтобы поощрять преступные элементы.

— Сейчас другое время, — напомнила я. — Все воруют и врут.

— Пусть воруют, а я не буду.

— Тогда вы будете есть то, что осталось от нас.

— Как все, так и я, — ответила Соня.

Коммунист должен быть гордым и преданным делу революции. Зомбированное поколение. Жили плохо, бедно, несправедливо, и, чтобы оправдать эту жизнь, им внушили, что так и надо, так должно быть. Сейчас плохо, зато потом будет хорошо. Будет коммунизм. Практически дурили головы. А они, «комиссары в пыльных шлемах», соглашались быть обдуренными, чтобы как-то оправдать свою молодость, свое начало.

Сейчас эти семьдесят лет с семнадцатого года по восемьдесят седьмой называют «проект». Был такой проект, который длился семьдесят лет, целую человеческую жизнь. Проект провалился. Ну что ж, ошибочка вышла. Бывает. С точки зрения вечности семьдесят лет — мгновение.

Светочка и Марик поселились на улице Горького.

Светочка любила папу и маму, а Марику было невыносимо вариться бок о бок с чужими людьми. Он стал пропадать. Лева бесился. Он не мог вынести такого пренебрежительного отношения к любимой дочери. Соня молчала и тяжело дышала. Марик оскорблял ее чувство семьи. При этом не скрывал своего хамства, нарывался.

Где он бывал? Откуда возвращался под утро? Может быть, из чужой постели с чужими запахами?

Светочка обмирала от дурных предчувствий и от стыда перед родителями.

В довершение ко всему она оказалась беременна. Нормальная история. Задача природы — размножение, и молодое женское тело для того и предназначено, чтобы размножаться. Грудь — чтобы кормить, живот — чтобы вынашивать, красота — чтобы привлекать. Но. Вмешались жилищные условия. Некуда поставить кроватку. Не себе же на голову. Далее: какой из Марика отец? Он еле держится в семье, того и гляди сбежит. А если сам не сбежит, его надо гнать в три шеи.

«Квартирный вопрос испортил людей». Я не помню, кто это сказал, кажется, Булгаков. Справедливое наблюдение. Когда людям тесно, они перестают быть самими собой.

Сонечка выдвинула идею: аборт. Это была самая близлежащая и самая тупая идея.

Светочка, оглушенная неверностью мужа, согласилась с мамой и сделала аборт.

Через месяц она снова забеременела. На второй аборт не отважились, решили оставить. Ребенок просидел в Светочке до шести месяцев и покинул помещение на три месяца раньше срока, весом девятьсот граммов. Родился он в том же самом ноябре, когда должен был появиться первый. Но тот первый был бы доношенный, здоровый, полноценный. А это значит совсем другое будущее у ребенка, у Светочки и у Сони. Все-таки Соня была социалист-утопист, не умела смотреть в будущее, даже в ближайшее. В ней не было мудрости, какая бывает в простых русских бабах, в моей матери, например.

и жизнь, и слезы, и любовь…

Врачи поместили недозрелый плод в кувез (искусственная матка) и стали его выдерживать до готовности, как зеленый помидор под подушкой. Дорастили до двух с половиной килограммов и отдали Светочке.

Это был мальчик. Его назвали Максимилиан, как римского императора, если я не путаю.

Максимилиана принесли домой. Его имя было больше его самого.

Я заглянула в кроватку и ужаснулась такой малости. Тельце хрупкое, как у лягушонка. Его было опасно взять в руки, страшно что-нибудь сломать.

Я хотела испугаться вслух, но вовремя спохватилась и сказала:

— Гений чистой красоты…

Светочка считала так же. Все видели мальчика слепотой любви.

Рос он тяжело. С мозгами все было в порядке, но физика отставала: глухой, горбатый. Не совсем глухой и не совсем горбатый, но скрюченный, тугоухий. Он плохо слышал и старался различать слова по губам. Смотрел собеседнику в рот, и его лицо становилось напряженным. При всем при том внутреннее наполнение — как у Светочки: чистый, доверчивый, добрый. В нем не было никакого шлака: ни злости, ни зависти. Буквально капля утренней росы на траве.

Марик бросил семью, брызнул в сторону, как таракан. Нашел себе другую, с жилплощадью. Светочка его оправдывала. Невозможно людям разных поколений жить вместе вплотную, тереться задницами.

Светочка смирилась, но каждый вечер она уходила в ванную комнату, пускала воду, чтобы заглушить все звуки, садилась на край ванны и горько плакала. Она оплакивала свою поруганную любовь, своего недоделанного мальчика и предстоящую жизнь без ласки и без мужской поддержки. Светочке предстояло прожить долгий ряд дней и ночей. Каждую ночь ложиться в пустую холодную постель, и этих ночей — не счесть, как звезд на небе.

Через какое-то время Светочка завела себе кота. Он, конечно, не заменял мужа, но был живой и теплый, спал в ногах, пел свою кошачью мелодию, улыбался и гневался по обстоятельствам, а главное — любил Светочку, был предан ей с потрохами и не променял бы свою хозяйку на другую, с жилплощадью.

Преданность — вот главное качество животных, и этим они отличаются от людей.

Светочка тоже любила кота, варила ему рыбу. В доме отвратительно воняло вареной рыбой.

Игорь был оскорблен таким союзом. Он неуважительно отзывался о коте. Светочка слушала молча. А что она могла возразить? Если рядом нет человека, то лучше кот, чем ничего. Ничего — это пустота. Пустота нас ждет за гробом. А кот — это все-таки форма жизни, шелковая шерсть под ладонью, красивейшие изумрудные глаза и зависимость.

Человеку требуется, чтобы кто-то зависел от него. Быть кому-то нужным. Необходимым.

Я бросила свою музыкальную школу. Я училась во ВГИКе и писала короткие сюжеты. Относила в редакцию киножурнала «Фитиль».

«Фитиль» располагался на «Мосфильме». Его возглавлял Михалков Сергей Владимирович.

Сейчас все забыли об этом киножурнале, а ведь он поднимал острые проблемы: воровство, коррупцию тех времен. Коррупция не была такой всеобъемлющей, как сегодня, но в своих объемах она была и тогда. Михалков бесстрашно сражался на этой передней линии фронта. Ему любят припоминать недостатки, а достоинства как-то забыли. А я помню. Это был поэт и гражданин. При этом богат, знаменит, удачлив. Что же получается? Одному — все, другим — ничего, ни денег, ни таланта. Ничего не поделаешь. Люди не равны, как в муравейнике и как в пчелином рое. Есть рабочие пчелы, есть военные, а есть трутни. А еще имеется пчела-царица. Видимо, так должно быть и в человеческом сообществе. Свобода, равенство и братство — это миф. Особенно равенство. Какое может быть равенство между умным и дураком, между тружеником и лентяем?

Я благодарна Сергею Владимировичу по сей день. Я барахталась, тонула в жизненных волнах, а он протянул мне свою крепкую руку и вытащил на берег. И сказал: «Иди!» И я пошла.

Я думаю иногда: а что, если бы я не барахталась, а смирилась и осталась бы на всю жизнь учительницей музыки: ригодон, этюды Черни, сонаты Гедике… На ум приходят мысли чеховской Каштанки: «Нет. Так жить невозможно. Лучше застрелиться».

Писателю свойственна графомания. Мания письма. Ни один нормальный человек не сядет и не начнет писать «Войну и мир». Это же сколько страниц… Я сейчас не говорю о таланте. Просто о количестве труда, сидения за столом с опущенной головой и сгорбленной спиной.

Мне тоже была свойственна графомания, не в таких размерах, как Льву Николаевичу, но все же…

В один прекрасный день, именно прекрасный, я получила по почте журнал «Новый мир» и прочитала там два рассказа: «Хочу быть честным» и «Расстояние в полкилометра». Автор — Владимир Войнович. Меня опалило. Я вдруг поняла: для меня литература — это примерно то же самое, что идея коммунизма для Сони. Я поняла — зачем я живу, и что буду делать в дальнейшем, и КАК к этому идти.

Мне захотелось познакомиться с Владимиром Войновичем и заглянуть в его глаза.

Познакомилась. Заглянула. Дала прочитать свой «Фитиль» — две страницы. Читать недолго. Он прочитал и сказал:

— Твоя сила в подробностях. Пиши подробно.

Я пришла домой. Села за кухонный стол (другого не было), положила перед собой пачку бумаги и стала писать подробно. Из двух страниц у меня получились сорок две. Я отнесла эти страницы Войновичу. Он прочитал и сказал:

— Название надо поменять. Пусть будет «День без вранья».

Дальше этот рассказ напечатали в журнале «Молодая гвардия», и я стала знаменитой.

Свои взаимоотношения с Войновичем я уже описывала. Не хочу повторяться. Я застала его в период влюбленности в Ирину, жену своего друга. Он всячески ее добивался — и при этом не пропускал ни одной юбки. Такой он был маленький и шустрый.

Меня он воспитывал как педагог, как человек высокой нравственности, но при этом бросил свою первую жену Валю с двумя детьми. Валя была без образования, не могла свести концы с концами. Войнович в те времена «диссидил», ничего не зарабатывал и не мог им помогать. В результате он уехал за границу, обрел славу правозащитника. Это была внешняя сторона его жизни. А внутри жизни — умерла жена Валя, умерла дочь Марина и умер сын Паша, прожив половину отпущенного срока. Они умерли не одновременно, а по очереди. Последним умер Паша в возрасте пятидесяти лет.

Владимир Войнович был влюблен в Ирину и все бросил в топку любви. И дружбу, и семью, и детей, сделав их подранками.

Топка любви в конце концов прогорает и стынет, а подранки остаются и несут свою боль в дальнейшую жизнь.

За все приходится платить, как известно, но иногда встает вопрос: стоит ли одно другого? Стоит ли слава правозащитника ранних могил твоих детей?

Я думаю, эти мысли посещали Войновича в старости, в период осмысления.

Вышел мой рассказ «День без вранья». Я получила мешок писем из тюрем и от солдат срочной службы. Все корреспонденты делали мне предложение руки и сердца. Но было поздно. Я уже была беременна. Мы с Игорем ждали ребенка. Боже, как мы его ждали... Ультразвука еще не существовало. Мы не знали, кто явится: мальчик или девочка? Явилась девочка, свет очей.

Это было счастье пополам с нечеловеческой нагрузкой. Я почти не спала ночами, сидела возле кроватки и читала роман Бакланова. Военная литература. Было интересно.

Через месяц выяснилось, что у нашей девочки подвывих тазобедренного сустава. Такое часто бывает.

Врач — старый высокий еврей — предложил носить распорку. Это такое приспособление, когда ножки стоят на ширине плеч и тазобедренный сустав встает на место. Наша дочка не могла привыкнуть к распорке, постоянно просыпалась и плакала. Игорь вылезал из-под одеяла и всю ночь носил ее на руках. В шесть часов начинало светать, из мрака вырисовывалось крошечное личико. Игорь вглядывался в драгоценные черты дочки и поражался ее беззащитности и зависимости. Вот он разведет руки, ребенок упадет и разобьется. Что это значит? То, что руки должны быть сильные, стальные и надежные. Его сердце становилось горячим и тяжелым от любви. Эта любовь заполняла все его существо, и больше уже ничего туда не помещалось.

Я никогда в своей жизни не видела такой привязанности отца к своему ребенку. Любовь оказалась взаимной, двусторонней и пожизненной. Эта любовь — козырный туз, который побивал любую карту в колоде жизни.

Тазобедренный сустав встал на место. Распорку не выкинули, а положили на антресоли, для памяти.

Наша дочка начала ползать, потом ходить. И со временем легкая походка стала составной частью ее красоты.

Мой рассказ вышел летом. Мы с Игорем отдыхали на Рижском взморье. Море, копченая рыба, восхитительные молочные продукты. Прибалтика — маленькая заграница. А тут еще вышел номер журнала с моим рассказом и с предисловием Константина Симонова.

В Москву я вернулась загорелая и знаменитая. Моя соседка по этажу говорила своему зятю (моему ровеснику):

— Сядь и напиши рассказ. Даже эта лошадь Вика написала, а ты же умнее ее в сто раз.

Я была отнюдь не лошадь, а двадцатишестилетняя девушка в модном платье.

Рассказ заметили все и сразу, и мне было предложено выпустить книгу, вступить в Союз писателей, а также написать сценарий к фильму.

и жизнь, и слезы, и любовь...

Карьера прыгнула с места в карьер (я, правда, не знаю, что такое карьер).

В довершение ко всему меня как восходящую звезду пригласили на ленинградское телевидение. И я поехала.

В купе оказались трое писателей: Солоухин, Виктор Боков и еще один с римским именем Гораций.

Солоухин читал свои стихи. Я запомнила одну строчку: «Мы — волки, и нас по сравненью с собаками мало». Он читал, нажимая на букву О. От него веяло деревней и народной глубиной.

Боков тут же сочинил и подарил мне стихи, довольно талантливые, но при этом Виктор Боков был обычный примитивный мужик. А вот Гораций произвел на меня неизгладимое впечатление. Он был модно одет, таинственно молчалив и абсолютно бездарен. Мы приехали в Ленинград. Нас показывали по телевизору, потом куда-то везли. Я не помню, кто и куда. Это было давно. Запомнила только то, как я выходила из машины. Осень. Булыжная мостовая поблескивает от света фонарей. Я — на каблуках, в американском белом пальто, знаменитая и неотразимая, как Мэрилин Монро. Все в меня влюблены, соревнуются за первенство, а впереди жизнь-праздник. Ни одного пустого дня.

Киностудия «Мосфильм» заключила со мной договор. Ко мне приторочили молодого режиссера. Это был выпускник ВГИКа Андрей Ладынин — сын Пырьева и Ладыниной.

Иван Пырьев — лидер и вожак. Его сын Андрей — ни богу свечка, ни черту кочерга. А может быть, и свечка и кочерга, но не для меня. Мы с ним не совпадали, как птица и рыба.

Сценарий буксовал, ни туда ни сюда. У меня не было никакого сценарного опыта, только страстное желание пробиться на экран. Кино того времени — это золотой ключик, который открывает все двери. Фильм выходит, неделю шумит по стране — и через неделю ты знаменит и богат. На потиражные можно было купить машину «Волга».

Однажды в коридоре «Мосфильма» меня остановил великий Пырьев.

— Зайди, — велел он мне.

Я зашла в его кабинет, села напротив мэтра. Он налил себе чай из самовара, стал помешивать ложечкой. Мне не предложил. Невоспитанный человек, хоть и лидер.

— Что ты можешь сказать о моем сыне? — спросил Пырьев.

— Очень интересная личность, — сказала я, понимая, что разговариваю с родным отцом и правда здесь неуместна.

— Его жена говорит: «Когда сдохнет этот старик?» — пожаловался Пырьев.

и жизнь, и слезы, и любовь…

— Какая сволочь, — отреагировала я, хотя не знала внутрисемейных отношений. Знала только, что у Андрея жена Люда, которая училась с ним на одном курсе, была хороша собой и рассчитывала на блестящее будущее. Андрей практически не учился во ВГИКе. Он приходил в институт только для того, чтобы увидеть свою Людмилу. Когда человек влюблен, он становится талантлив. В нем зажигается божественный огонь.

Надежды Людмилы не оправдались. Звезда Пырьева закатывалась, Ладынина старела в одиночестве, Андрея называли «Тени забытых предков», и он действительно был похож на тень — худой и вытянутый.

Я уже где-то писала об этом, приходится повторяться. Но что же делать? Так было. Из песни слова не выкинешь.

Жена Людмила рассчитывала на другое развитие событий. Она злилась и даже бросила Андрея. Ее никто не подобрал. Она рано умерла. А все так радужно начиналось…

К нашему хромому сценарию Пырьев подключил мощную артиллерию: Эльдар Рязанов — художественный руководитель, и Георгий Данелия — доработчик сценария. Это были знаменитые уже тогда режиссеры-постановщики. Успех Андрею был обеспечен.

Мой редактор Нина Скуйбина привела меня к Данелии на дом, и я предстала перед его очами: молодая, застенчивая, готовая прыгнуть в огонь, пожертвовать собой за его высочество фильм. Данелия ценил преданность идее. Мы вцепились в работу и закончили ее за две недели. Отнесли на «Мосфильм». Я помню, как мы шли по Чистым прудам и мне казалось, что я парю над землей. Не высоко, но все равно парю, не касаясь земли. Что это было?

Художественный совет принял сценарий, но Андрей Ладынин от него отказался. Дескать, Данелия исказил замысел.

Существует мнение: чем хуже литература, тем лучше кино. Это справедливо. Кино — искусство грубое и зримое. А литература — сродни музыке. Сценарий получился примитивнее, чем мой рассказ, но зато это был готовый продукт, годящийся в производство.

Андрей интересничал, отказывался от готового продукта. Я думаю, что он не хотел снимать вообще. Боялся. А тут увидел, что снимать придется, и сделал ноги. Выпрыгнул из поезда.

Свято место пусто не бывает. На сценарий тут же нашелся другой режиссер: Алексей Коренев — друг Эльдара Рязанова.

Я почти каждый день бегала на съемку. Становилась свидетелем откровенной халтуры. Актеры перевирали текст. Я цепенела от горя.

Здесь же крутилась жена режиссера. Я кидалась к ней за спасением:

— Они искажают текст, гонят отсебятину. Скажи Алексею...

Жена поворачивала ко мне гневное лицо и выкрикивала:

— Алексей с утра не жравши! Он умрет, и мои дети сиротами останутся... — Потом отворачивалась и вопила: — Алексей, съешь апельсинчик!

Моя жизнь была поругана. Мы с Данелией перебирали каждое слово, как жемчужины, искали подходящее, а они, актеры, плевали на нашу «святую к музыке любовь». Это было так оскорбительно...

Главную роль играла Валя Малявина с глазами как черные омуты. Накануне она снялась у Тарковского в фильме «Иваново детство». Андрей был в нее влюблен и говорил: «На свете счастья нет, а есть покой и Валя». (У Пушкина: «покой и воля».)

Вале ничего не надо было играть в нашем фильме. Просто быть красивой, коей она и была.

Фильм снят. Его закрыли. Почему? Потому что учитель жил один день без вранья. Возникал вопрос: один день? А остальные что же, врал? И это называется учитель? Чему же он может научить?

Фильм прикрыли. В те времена это делали тихо и подло. Ничего не говорили. Никуда не вызывали. Просто прошелестел слух — и тишина. Как сквозняк.

Я узнала новость от своей редакторши. Даже не от своей. Она сидела в одной комнате с Ниной Скуйбиной. Ее звали Неля. Неля сообщила мне, глядя в зеркальце, рассматривая прыщ на лбу:

— Твой фильм закрыли.

Я остолбенела.

— Как закрыли?

— Так, — ответила Неля.

— А почему ничего не сказали?

— Они не говорят.

— А почему?

— Им бы за этот фильм жопу надрали. А так — не надерут.

— Но ведь фильм — это большой труд большого количества людей…

— Ну и что? Финансирование государственное. А государство у нас не бедное.

Я подошла к телефону и набрала Данелию. Трубку сняла жена Люба Соколова.

— У нас закрыли фильм, — проговорила я и зарыдала.

— Теперь плачь и вытирай слезы на кулак, — спокойно сказала Люба.

и жизнь, и слезы, и любовь…

Я поняла, что это горе — только мое. Всем остальным плевать с высокой колокольни. И Данелии в том числе. Это же не его фильм. Это просто форма заработка во время простоя. Мне ничего не оставалось, как плакать и вытирать слезы на кулак. Единственно, кто выиграл, так это Алеша Коренев. После моего фильма ему дали новую постановку, и он снял фильм «Большая перемена», который жив до сих пор.

Я пошла работать на телевидение. Моя должность называлась «штатный сценарист». Я даже не помню, что я писала. Какую-то хрень про Джона Рида. Американец, бедный романтик, приехавший в Россию, чтобы умереть от тифа.

Однажды я встретила в коридоре Гену Шпаликова. Он спросил:

— Что ты здесь делаешь?

— Работаю, — ответила я.

— Нечего тебе здесь делать, иди домой.

Он был прав. Мне совершенно нечего было делать в этих тусклых коридорах среди тусклых людей. Толпы никчемушников ходили туда-сюда, создавали советское телевидение.

Как я скучала по данелиевскому дому, по его солнечной маме, вкусной еде, кошачьему облику Георгия. Данелия — кот. Если кота поднять за передние лапы и подержать, получится фигура Данелии: зад назад, живот вперед. Но главное в Данелии не кошачесть, а талант, который освещал все вокруг, как солнце. Когда долго смотришь на солнце, потом не видишь ничего вокруг себя. Все обесцвечено.

Так и я. Жила, ничего не видя вокруг себя. А на что смотреть?

Меня спасала семья, которая стояла прочно, как скала. Меня спасали мои ненаписанные книги и мой талант, хотя и нескромно об этом говорить. Талант — как грудной ребенок: орет, требует, его надо обслуживать, забывая о себе. Мой талант держал меня на плаву и говорил: «Ничего не кончилось, все еще будет».

Я решила похудеть. Мне подсказали диету: сухое вино и сыр. Всё. И так целую неделю. Пить вино и закусывать сыром.

Я купила шесть бутылок сухого вина и поставила в холодильник.

Игорь заглянул в холодильник, увидел запасы. Обмер. Потом очнулся и позвонил своей маме.

— Вика спивается, — мрачно сказал он. — Надо что-то делать.

Сонечка незамедлительно явилась в наш дом. Глаза у нее были как у орла, который вылетел на охоту.

и жизнь, и слезы, и любовь...

Не раздеваясь, она прошла в комнату и села напротив меня.

Дочка спала. Настя (наша няня) развешивала на балконе белье.

— Вика! — торжественно начала Соня. — Я хочу с тобой поговорить!

— Говорите, — согласилась я.

Я любила Соню. В ней было что-то очень добротное, вызывающее уважение.

— Вика! — торжественно повторила Соня. — Когда в доме пьет муж, это плохо, но куда ни шло. Но когда пьет жена, дом горит...

Она замолчала.

— И чего? — не поняла я.

— Учти! Мужской алкоголизм лечится, а женский никогда. Это конец. Это дорога в пропасть.

— Возможно, — согласилась я.

— Если это начало, если это можно как-то захватить и пресечь, надо успеть, пока не поздно. Ты меня понимаешь? Надо взять себя в руки! Главное, затормозить и взять себя в руки!

— А кто пьет? — не поняла я.

— Ты.

— Я? — Мы молча уставились друг на друга. — С чего вы взяли?

— У тебя в холодильнике запас спиртного.

Я захохотала. Я все поняла. Игорь настучал. Он увидел шесть бутылок и решил, что женился на алкашке. И призвал маму, как

МЧС. Он решил за меня бороться. Он решил меня спасать. А мог бы спасаться сам.

— Я не пью и не курю, — спокойно сказала я. — У меня нет вредных привычек, кроме одной.

Соня ждала.

— «Привычка ставить слово после слова».

Привычка к творчеству тоже зависимость, и бороться с ней бесполезно. Это зависимость пожизненная. Это наполняет жизнь и выжирает ее. Это дар и крест.

Привычка ставить слово после слова, а рядом талант, как пастух с кнутом. Погоняла.

Соня в этот день ушла от нас окрыленная. Ее невестка без вредных привычек, не пьет и не курит. А со всем остальным можно справиться.

Творчество лишает человека маневренности. Он сидит, привязанный к письменному столу, и никуда не рыпается. Не подвержен соблазнам.

Творчество и есть самый большой соблазн.

«Джентльмены удачи»

У Данелии был друг Александр Серый, сокращенно Шурка. Они вместе учились на режиссерских курсах.

Хочется рассказать, как Данелия попал на режиссерские курсы.

и жизнь, и слезы, и любовь…

Он шел утром по улице, увидел бомжа, который валялся возле мусорного бака. Бомжу стало неудобно пребывать в такой праздности, когда люди идут на работу. Он поднял с земли газету, развернул ее и стал читать, опершись спиной о мусорный бак. Он хотел изобразить порядочного человека: проснулся, читает газету. В газете крупными буквами было написано: «Объявляется набор на высшие режиссерские курсы».

Так Данелия узнал о наборе. Божий промысел. А дальше — дело техники. Данелия сдал документы и прошел. Это было начало.

На курсах Гия подружился с Александром Серым (Шуркой).

У Шурки была девушка Марина. Он ее обожал. Марина многим нравилась, в том числе архитектору Диме. Дима — ничего себе: умница, красавец. Не хуже Серого.

Однажды он пригласил Марину на романтический ужин. Она согласилась. Почему бы и нет? Изменять Шурке Марина не собиралась, просто ей нравилось нравиться. Девушкам необходимо самоутверждение.

Настал вечер. Шурка позвонил Марине. Мама Марины взяла трубку и сказала, что дочери нет дома. Она пошла в гости к Диме.

У Шурки что-то переклинило в мозгах. Ревность — всеобъемлющее чувство, такое же, как любовь.

Шурка взял маленький топорик для сечки капусты, явился к Диме и дал ему топориком по голове. Точнее, по темени. Марина тем временем сидела с ногами на диване. И это все. Просто поджав ноги, просто на диване. Туфли стояли на полу.

Марина была свидетелем того, как Дима упал и вокруг его головы стала натекать лужица крови.

Позже выяснилось, что у Димы проломлено темя. Врачи заменили кость куском пластмассы. Надо же было как-то залатать.

Человеческая кость дышит. А пластмасса не дышит. У Димы стало подниматься внутричерепное давление. Все кончилось тем, что из полноценного и молодого он превратился в инвалида с палкой. Жизнь была перерублена одним Шуркиным взмахом.

Шурку посадили в тюрьму и дали ему восемь лет за нанесение тяжкого вреда здоровью. Отсидел он пять. Его вызволила мамаша, крупный ученый-биолог. Марина Шурку дождалась и вышла за него замуж.

Через пять лет Шурка вернулся из мест заключения. В тюрьме он приобрел новый опыт: спать с открытыми глазами. Сидел с остановившимся слюдяным взглядом, как свежемороженый окунь с головой.

На «Мосфильме» Шурку игнорировали. Тюрьма поднимает репутацию уголовника, но не режиссера. Шурке не давали снимать. Заняться ему было нечем, и он целыми днями сидел дома на диване и спал с открытыми глазами.

В качестве мужа Марина получила неработающего, вялого, скучного Шурку. Лучше бы он сидел в тюрьме и писал оттуда страстные письма.

Данелия — грузин, а для грузина друг — это святое.

Данелия отправился к директору «Мосфильма» Сизову и попросил постановку для Серого: «Под мою ответственность. Я ручаюсь. Клянусь головой».

Слова «я ручаюсь» — воздух. Данелия может ручаться сколько угодно, а Серый снимет серую халтуру. И что тогда? И голова Данелии тоже никому не нужна. Нужен качественный фильм, и это значило, что Данелия должен неотлучно быть при картине, и если не так пойдет, сам встать за камеру. Данелия должен будет отвечать за каждый этап, с начала до конца. Это значило: сценарий, режиссура, монтаж — всё под контролем Данелии.

В это время Данелия находился в простое. Его проект «Хаджи-Мурат» закрыли. Почему?

Потому что Толстой сочувственно описал чеченцев и с презрением отзывался о русских солдатах. Это была пора завоевания Кавказа. Русские вели себя как скоты, гадили в источники. Кавказцы воевали мужественно, с Аллахом в сердце. «Аллах акбар» — поэтому мусульман победить было невозможно и тогда и теперь.

Данелия считал повесть «Хаджи-Мурат» лучшим произведением Толстого. Он тщательно готовился, выбирал актеров и должен был запускаться, но фильм закрыли.

Данелия — человек действия. Он не умел сидеть без дела. Его делом стал Серый.

Прежде всего надо было придумать сценарий. Предыдущие соавторы Данелии: Валентин Ежов, Гена Шпаликов, Виктор Конецкий — все многопьющие.

Историк моды Александр Васильев говорил: «Многопьющий человек, как соленый огурец. Вкусный, но витаминов — нуль».

Я передала эти слова Данелии, он ответил: «Ничего подобного. И вкусный, и очень полезный».

Данелия и сам был многопьющий, но он, как Сталин, не признавал за собой никаких недостатков либо переводил их в достоинства.

Мама Данелии ограждала сына от пьянства. Она боялась, что он испортит печень, загубит жизненно важный орган и умрет раньше отпущенного ему времени.

и жизнь, и слезы, и любовь…

«Я не хочу жить и ждать, что он умрет», — стенала Меричка и при этом плакала басом. Трубила, как слон.

Из соавторов единственно непьющей оказалась я. Поэтому выбор пал на меня.

Данелия позвонил мне домой и предложил писать сценарий для Серого.

Прощай, телевидение, прощайте, скука и тоска, прощай, пропащая жизнь. Над моей головой стояли тяжелые лиловые тучи, и вдруг они раздвинулись, выглянуло солнце. Яркие лучи осветили мою жизнь. «Какое счастье, мы едем в Холмогоры…»

Я и Шурка нарисовались в узкой комнате Данелии. Была произнесена первая фраза: «По пустыне шел верблюд…»

Замысел будущего сценария состоял в том, что молодой милиционер решил обойтись без тюрем. Можно просто перевоспитывать уголовников, как трудных детей. А именно: трудом, образованием, уважительным отношением.

Мы уже настроились на работу, но хитрый Данелия решил заранее заручиться господдержкой.

Мы отправились на Пушкинскую площадь. Там находился особняк, в котором размещались главные милицейские начальники. Вошли в особняк. При входе стоял милиционер.

Он проверил наши документы, потом позвонил куда-то и доложил: «Даниэль пришел».

В это время шел процесс над Синявским и Даниэлем. Гию приняли за Даниэля ввиду схожести фамилий. Почему бы Даниэлю и не прийти к высокому начальству?

Нас впустили. Принял нас генерал, похожий на всех генералов: широкий, как шкаф, тяжелый, лицо квадратное.

Данелия пересказал ему сюжет будущей комедии. Генерал выслушал и возмутился:

— А зачем же тогда все пенитенциарные службы?

Я не поняла слова «пенитенциарные», но догадалась: «карательные». То есть тюрьмы.

Генерал был недоволен и спросил:

— А почему вы не можете придумать такую комедию, как «Волга-Волга» или «Веселые ребята»?

Данелия сочувственно закивал, соглашаясь с генералом.

Лично мне эти фильмы тридцатых годов казались примитивом. Для своего времени они, конечно, годились, но сегодня... Тем не менее Данелия согласно улыбался и кивал.

Я поняла, что он — дипломат. Не лезет на рожон, иначе окажется рядом с Даниэлем.

Политика — это искусство компромиссов, как известно. Данелия пошел на компромисс. Он сохранил замысел, но переделал профессию главного героя: был милиционер — стал директор детского сада. Это улучшило замысел. Воспитательные функции более свойственны директору детского сада, нежели милиционеру.

Придумали двойника. Директор детского сада Трошкин и рецидивист Доцент в одном облике Евгения Леонова. Слово «падла» заменили словом «редиска». Я вспомнила, Владимир Ильич Ленин говорил о Плеханове, что он красный снаружи и белый внутри, как редиска. Высказывание Владимира Ильича пригодилось.

По сюжету Трошкина запускают в тюрьму, как подсадную утку, и он должен вызнать у Косого и Хмыря, где находится шлем Александра Македонского.

— Так ты же сам его прятал, — напомнил Косой.

В этом месте мы застряли. Как можно объяснить такую забывчивость? Доцент сам спрятал шлем, а теперь спрашивает: где он?

Мы сидели несколько дней. Бесполезно. Встал вопрос: поменять сюжет.

Однажды поздно вечером мне позвонил мой друг писатель Леня Жуховицкий. Я пожаловалась ему на тупик. Леня тут же предложил выход: Трошкин показывает на голову и произносит коронную фразу: «С этой стороны помню, а с этой — все забыл». Такое объяснение вполне логично для данного замысла.

Сценарий условный, Косой — дурак, вся история — сказка. Такое объяснение забывчивости вполне логично и единственно возможно.

— С этой стороны все помню, а с этой все забыл.

— Так не бывает, — заметил Хмырь.

— Бывает! — воскликнул Косой. — Я однажды в поезде с полки упал…

— Молчи ты… — отмахнулся Хмырь.

Сюжет покатился дальше. Данелия был в ударе. Я смотрела на него с восторгом. От моего восторга он заводился и становился абсолютно гениальным. Мы смеялись. Особенно в сцене с памятником.

Шофер (его играл Олег Видов) пытался понять, какой именно памятник они ищут.

— С бородой? — спросил шофер, имея в виду Карла Маркса.

— Не… — отвечал Косой.

— С бакенбардами? (Пушкин.)

— Не. Мужик в пиджаке.

— Сидит? — спросил шофер.

— Кто?

— Ну, мужик в пиджаке.

— Во деревня! Кто ж его посадит? Он же памятник…

На этом месте мы хохотали, буквально падали. Теперь хохочут зрители.

и жизнь, и слезы, и любовь...

Сценарий был написан быстро. Прошел легко. Фильм получился ясным, радостным и трогательным одновременно.

Народ повалил валом. Двумя копиями был выполнен финансовый план всего года.

Казалось бы, Серому открылись все дороги, все пути, но его жертва, Дима, не оставлял Шурку в покое. Он звонил ему по телефону и яростно угрожал.

Диму можно понять. Он чувствовал себя все хуже, а дела Серого шли все лучше: Серый благополучно вышел, женился на Марине, снял фильм и стал знаменит. Получается, одному — все, а другому — ничего. Где справедливость? Пусть обоим будет ничего.

Дима купил ружье для подводной охоты, пришел к Серому и позвонил в дверь. Серый спросил: «Кто там?» Ему ответили: «Вам телеграмма». Серый открыл дверь, и в его лицо полетела стрела. Она должна была прошить голову насквозь, но стрела прошла по косой сквозь щеку и вышла за ухом, ничего не задев. Видимо, Бог решил, что еще рано.

Серый уцелел, но телефонные звонки, наполненные густой ненавистью, держали его в постоянном напряжении. У Серого возник рак крови на стрессовой основе.

Он жил с этим диагнозом долго. Ремиссии чередовались с обострениями, и все кончилось тем, что Шурка застрелился. Бедный, бедный Шурка.

Серый и Данелия поругались в конце концов. И это естественно. «Не делай добра, не получишь зла». Данелия сделал добро и получил свое.

Фильм имел ошеломительный успех. Савелий Крамаров звонил мне и говорил:

— Напиши вторую серию. Я тебе любое лекарство достану.

Мне было двадцать восемь лет. Какие лекарства в этом возрасте?

Шурка мне тоже звонил, это было в середине его болезни. И умолял:

— Напиши вторую серию. Я разобью перед твоим домом палатку, буду в ней жить и возить тебе морковку с базара.

Вторая серия невозможна, потому что нельзя дважды войти в одну и ту же воду.

Прошло сорок лет. Мне позвонили из Киева, мужской голос произнес:

— Напишите вторую серию «Джентльменов удачи».

— Это невозможно, — ответила я.

— Почему?

— Потому что все умерли. Умерли актеры — все до одного. Больше нет такого детского сада и такой тюрьмы. И Советский Союз тоже умер, сейчас другая страна, Россия.

и жизнь, и слезы, и любовь...

— Но ведь авторы живы, — возразил голос.

— Авторы постарели, так что прежних тоже нет. Молодой человек и старый — это разные люди.

— Миллион долларов... — озвучил голос.

Я поперхнулась. Помолчала. Потом молвила:

— Я у Данелии спрошу...

Миллион долларов — это по полмиллиона каждому. А полмиллиона долларов — это убедительная прибавка к пенсии.

Я позвонила Данелии. Сообщила про Студию Довженко и миллион.

— Врут, — отреагировал Данелия. — Проверь.

— А как я проверю?

— Ты что, не знаешь, как проверить?

— Конечно, не знаю.

— Я приеду в Москву, тебе перезвоню.

— А ты где?

— В Испании. Дорогу перехожу.

— В каком городе?

— В Севилье.

— На табачной фабрике был? — спросила я.

— Зачем?

— Там Кармен работала.

— Какая Кармен?

— «У любви, как у пташки, крылья».

— А зачем она мне? — не понял Данелия.

— Исторический персонаж.

— Проститутка, и все. Сначала Хозе, потом Бизе.

— Бизе — это композитор, — поправила я.

— Ладно. Я завтра прилечу. Я тебе позвоню.

Назавтра он позвонил и сказал:

— Вторая серия невозможна, потому что сюжет исчерпан. Жулики перевоспитались. Завернули Доцента в ковер и решили сдать его в милицию. Точка. Больше ни убавить ни прибавить. Можно только придумать новую историю с этими героями.

Мы стали фантазировать и придумали, но нам больше не позвонили и миллион не предложили.

Мы не расстроились. За прошедшие годы изменилось так много, и прежде всего местоположение. Раньше я добиралась до дома Данелии за двадцать минут, а сейчас я живу за городом и добираться до Чистых прудов дольше, чем до Цюриха.

Поступило новое предложение: создать из «Джентльменов» ремейк. Пообещали сиротские копейки. Данелия согласился, а я сказала:

— Ты что, с ума сошел? «Джентльмены» — это шедевр.

— Какой на фиг шедевр? Ты помнишь «Девушку с характером»?

— Не очень.

— Ну вот, и с «Джентльменами» будет то же самое. Через пять лет забудут.

и жизнь, и слезы, и любовь…

Прошло много лет, полжизни. Не забыли. Фильм живет. Я иногда думаю: почему?

В Библии сказано: «Где ничего не положено, нечего взять». А в «Джентльменов» мы вложили настоящие чувства: веру, надежду и любовь. И эти чувства вырываются с экрана по сей день.

Параллельно с кино я писала свои рассказы. Они складывались в книги. Книги покупают до сих пор. Почему? Потому что в них зашифрована моя душа. Хорош этот шифр или плох, не мне судить. Но люди хотят читать, значит, сверяют свои сигналы с моими.

Хочется добавить несколько слов о Савелии Крамарове. Савелий следил за своим здоровьем тщательно, как маньяк. У него была своя диета, и он не ел ничего другого. Ходил в гости с баночками, бутылочками, кастрюльками. Доставал оттуда вареную свеклу, гречневую кашу, ничего соленого и жирного, ничего сомнительного.

Однажды во время съемок «Афони» мы оказались с ним в сельской столовой. На линии раздачи стояли предлагаемые блюда: отварной рис, отварная гречка, паровые мясные котлеты, похожие на обветренные какашки.

Я была голодна, как зверь. Не дожидаясь кассы, я схватила котлету и кинула ее в рот.

— Фу! — крикнул Савелий как собаке.

Я проглотила и повернула к нему лицо.

— Ну зачем? — расстроился Савелий. — Вы же не знаете, ЧТО они кладут в эти котлеты… Что там за фарш? Может, в нем мыши…

Я виновато сморгнула. Котлета благодатно плыла по моему пищеводу. Может, в ней и были мыши, но что плохого в мышах?

— Вот лежат крупы, — продолжал Савелий. — Возьмите сколько угодно. Здоровая еда. Ведь так тяжело болеть…

Мне запомнились его слова: «так тяжело болеть».

Моей дочке пять лет. Ее положили в больницу. Пиелонефрит, почки. Это опасно.

Игорь купил большую куклу, и с этой новой куклой мы оставили ее в больнице. Она вела себя довольно спокойно, но, когда я вышла из больничного корпуса и обернулась, я увидела ее личико, прижатое к стеклу, искаженное гримасой плача. Мне захотелось рвануть обратно и забрать своего страдающего ребенка, но я пересилила себя и ушла плача.

На другой день я появилась в десять часов утра. Моя девочка стояла в длинном пустом коридоре и неотрывно смотрела на дверь. Сколько она так стояла? Час? Два? Пять?

Увидев меня, она вздрогнула всем тельцем и побежала ко мне. Буквально рванула. Но откуда-то сбоку выскочила толстая нянечка в белом халате, поймала ее и поволокла в палату.

Моя дочка заорала так, что поднялся потолок.

Передо мной выросла заведующая отделением. Я даже не знаю, как она выглядела. Я не видела, потому что мои глаза были в пять слоев залиты слезами.

— Вам придется покинуть помещение, — строго сказала заведующая. — Иначе ребенок никогда не привыкнет. У всех детей вначале синдром отрыва от дома. Но потом они привыкают.

Заведующая смотрела на меня и ждала, когда я уйду. Я повернулась и ушла. А что мне оставалось делать? Врач — своего рода генерал, а пациент — рядовой, зависимый человек. Я боялась эту начальницу и не смела перечить. Мы, советские граждане, рожденные при Сталине, все были воспитаны в страхе. Сталина давно нет, а страх остался.

Моя участь — хуже не бывает. Образ моей маленькой дочки в красном фланелевом платьице среди пустого больничного коридора отпечатался в моем мозгу. И больше я ничего не могла и не хотела видеть. Я согласна была сама лечь в больницу или сесть в тюрьму, только бы мой ребенок не страдал безвинно и не бился в рыданиях где-то там, за стенами. Разве это так необходимо — мучить маленького человека? Разве нельзя пропустить мать и тем самым облегчить участь обеих?

На другой день мы с Игорем примчались в больницу, и нам выдали ребенка на прогулку. Во дворе стояла песочница. Наша девочка была угнетена и молчалива. Игорь помогал ей лепить куличики, развлекал как мог.

Кончилось время прогулки. Пришла вчерашняя нянечка и потребовала вернуть ребенка в стационар. Дочка обхватила колени отца и заорала так, что птицы взлетели с деревьев. Нянька схватила ее за руку и поволокла. Игорь догнал, отобрал свою дочь, поднял ее на руки и пошел к выходу из больничного двора, широко шагая. Нянька опешила. Я побежала следом за мужем.

— Ты что делаешь? — ужаснулась я, хотя видела, что он делает: он выкрал ребенка и понес домой.

— А ты не видишь, ЧТО с ней творится? — мрачно спросил Игорь.

— Я пойду скажу, что мы ее забрали...

Как-то неудобно было уходить, не поставив никого в известность. Я была законопослушным членом общества и всегда чего-то и кого-то боялась.

Я вернулась в корпус и нашла заведующую.

и жизнь, и слезы, и любовь...

— Мы забираем ребенка, — сказала я. — Если надо, я могу написать расписку.

— Какова причина? — строго спросила заведующая.

— Ребенок страдает.

— Одно дело — страдает, другое дело — умрет.

— Кто умрет? — не поняла я.

— Ваша дочь, кто же еще... У нее почки не справляются, канальцы запустевают.

Я с ужасом смотрела в ее глаза. В этих глазах стоял тот же садизм, что у Шарикова, когда он драл кошек.

Я поняла, заведующая пугает, издевается. Как говорит наша няня, издекается. И чем дольше я буду перед ней стоять, тем охотнее она будет «издекаться».

А вдруг это правда? Канальцы запустевают, почки перестанут фильтровать...

Я догнала свое семейство, и мы поехали домой на общественном транспорте.

Настя стояла у окна и смотрела, как мы идем от автобуса к своему подъезду. Гуськом. Первым шел Игорь, за ним — Наташа в платочке. Она смотрела в землю, в ней не было ничего детского. Опустошенный человек. Настя глядела в окно и молча плакала.

Потекли дни душевной реабилитации. Наташенька медленно приходила в себя. Возвращалась в детство. Смеялась, капризничала. Мы с мужем парили над ней, как лебеди: лечили, поили клюквой, любили, баловали, распускали. Ей было разрешено все. И поразительно: такая вседозволенность ее не испортила. Она выросла скромная, ответственная. Видимо, в ней застряли хорошие гены ее предков. Что касается здоровья — все обошлось: канальцы не запустели, почки исправно фильтровали. С ядовитой заведующей мы больше не встречались, хотя хорошо было бы прийти и плюнуть ей в рожу, ничего не объясняя.

История с пиелонефритом забылась как страшный сон. Плохое забывается быстрее, чем хорошее.

Мы с Данелией стали сочинять новый сценарий. Рабочее название — «Шла собака по роялю». Героиня сценария, шестнадцатилетняя Танька, живет в деревне. У нее есть друг Мишка — привычный и поэтому неинтересный. Неподалеку от деревни — военная часть, и туда прибыл новенький вертолетчик. Он любит играть на дудочке, как пастушок.

Танька, естественно, влюбилась. Вертолетчик не поддается.

Сюжет немножко сказочный, клоунский, дурацкий, на манер «Джентльменов». Я была счастлива. На горизонте моей жизни маячил новый успех. Но не говори «гоп», пока не перескочишь.

Надо было найти правильных актеров на главные роли. Мы решили обойти театры.

Отправились для начала в Малый театр. В гардеробе нам встретился Максуд Ибрагимбеков — писатель и режиссер, значительная личность.

Максуд и Данелия были хорошо знакомы и весьма расположены друг к другу.

— Привет, — поздоровался Максуд. — Как дела?

— Написали сценарий, — ответил Данелия.

— Про что?

— Про русскую деревню.

— Что ты можешь знать о русской деревне? — удивился Максуд.

— Это будет сказка, — объяснила я.

— Гия, а помнишь, ты мне рассказывал историю про грузинского вертолетчика? — спросил Максуд. — У него еще вертолет стоял во дворе на цепи.

Данелия на секунду задумался.

Далее мы смотрели спектакль. Выражение лица Данелии оставалось задумчивым. Чувствовалось, что он катал в голове какую-то мысль.

После театра он повез меня домой на своей машине. Смотрел перед собой. Был где-то далеко.

Я спросила:

— В чем дело?

— Я не хочу снимать «Собаку по роялю». Я буду снимать про вертолетчика, — сказал Данелия.

Стало понятно, что появление Максуда — не случайность. Бог послал.

Для меня такое решение было провалом всех моих надежд, но я уже ничего не могла изменить. Если Данелия так решил, значит, так и будет. Уговаривать его бесполезно, и не хочется. В конце концов, я себя тоже не на помойке нашла. У меня вышла книга, и мне было предложено вступить в Союз писателей. В этой организации средний возраст шестьдесят лет, а мне — тридцать. У меня были все основания себя уважать.

— Ну, снимай, — отозвалась я.

Данелия на следующий же день вызвал Резо Габриадзе для совместной работы. Меня он не отстранил, хотя Резо было вполне достаточно. Мы сели писать втроем, работали в гостинице «Россия». Я сидела в номере Резо за письменным столом. Передо мной стояла пишущая машинка. В окне виднелся лозунг, выложенный электрическими лампочками: «Коммунизм есть советская власть плюс электрификация всей страны». Выключенные лампочки были серые. Вечером они зажигались и ярко сверкали. Это значит шесть часов. Конец рабочего дня.

и жизнь, и слезы, и любовь…

Обедали мы в гостиничном буфете: сосиски с горошком. Очень вкусно, когда хочется есть.

В чем состоит человеческое счастье? Есть, когда хочется есть, спать, когда хочется спать, и все остальное, когда хочется. Когда осуществление совпадает с желанием.

У Данелии болели зубы. Их следовало лечить, но он не захотел тратить время, пошел к врачу и за один прием выдрал восемь больных зубов. В номере гостиницы он сидел, сунув в рот шарф. Шарф был красно-черный, мохеровый, волосатый. Данелия дышал через шерсть, согревал рот. Габриадзе меня недолюбливал, не хотел делить со мной грядущий успех, а успех был гарантирован. Там, где Данелия и Габриадзе, иначе быть не может.

Я тоже была уместна. Данелия привык со мной работать, мы понимали друг друга с полувзгляда.

Все, что я предлагала, Габриадзе критиковал. Говорил: «Это журнал “Юность”», — делая ударение на букве О.

Данелия находился в сложном положении. Ему надо было защитить меня и не потерять Резо.

Однажды мы бросили работу и пошли гулять втроем. Это был какой-то парк. Мы сели на сваленное дерево. Мимо прошли негритянка и двое негритят дошкольного возраста — мальчик и девочка. Дети бежали, перегоняя друг друга.

Резо спросил:

— А негритянские дети бывают смешные?

— Что ты глупости говоришь? — хмуро сказал Данелия. — Конечно, бывают...

Не знаю почему, но я запомнила эту прогулку. Лето, сваленное дерево, прямая негритянка. Мы молодые. Вся жизнь впереди.

Началась съемка «Мимино».

Данелия познакомил меня с Фрунзиком Мкртчяном.

— Познакомься, — сказал он. — Это автор сценария.

Фрунзик внимательно посмотрел на меня и сказал:

— Похожа...

Казалось бы, как может живой человек походить на сценарий? Сценарий — это рукопись, собранная в брошюру. А я — молодая женщина на каблуках. Что общего? И тем не менее общее есть. Атмосфера. Излучение. Фрунзик почувствовал родство. Таким чутьем обладает только тонкий человек. Я оценила Фрунзика.

Позже он подплыл ко мне и таинственно проговорил:

— Приходи ко мне в гостиницу.

Я удивленно посмотрела.

и жизнь, и слезы, и любовь…

— Женюсь, — добавил Фрунзик.

Я ничего не ответила. Тоже мне, жених нашелся: выпивоха и уродец. Но это не совсем справедливо. Фрунзик был красивый уродец или уродливый красавец. В нем сочеталось одно и другое. Выразительные глаза как будто стекали вниз. Море обаяния.

Снимали сцену ресторана в гостинице «Россия». По сюжету Фрунзик зубами поднимал с пола платок. У него не получалось.

Данелия подошел к нему и строго сказал:

— Ты пьяный, и это заметно. У тебя договор на пятнадцать съемочных дней. Так вот, пятнадцать дней ни капли в рот. Потом делай что хочешь. Понятно? Иначе я сниму тебя с картины.

Прошли пятнадцать дней. Фрунзик подошел ко мне и доверчиво сообщил:

— Знаешь, я две недели не пил. Так хорошо себя чувствовал… — Помолчал и добавил: — Теперь я понимаю, почему эти бездарности весь мир завоевали…

Кого он имел в виду?

Однажды кто-то спросил у Мкртчяна:

— А как твое полное имя?

— Фрунзе.

— Так это же фамилия. Был такой красный командир. Его Сталин ухандокал.

— И что теперь? — не понял Фрунзик.

— Найди себе нормальное человеческое имя и поменяй в паспорте.

Фрунзик задумался. Ему припомнилось старинное армянское имя: Мгер. Подходит к фамилии Мкртчян: единственная гласная среди согласных.

Фрунзик поменял паспорт, и в титрах стало появляться новое имя: Мгер Мкртчян.

Киношный народ удивился. Стали спрашивать:

— А кто это, Мгер?

— Так это же Фрунзик, — догадывались киношники.

Зрители даже не заметили перемены. Для зрителей Мгер был и остался Фрунзиком.

В конце концов Мгер отпал за ненадобностью.

Было во Фрунзике что-то детское, трогательное. Талант — это отсвет детства в человеке.

Я запомнила рассказ Фрунзика об отце.

Отец воевал в Великой Отечественной войне с Гитлером. Его ранило. Госпиталь. Какой-то городок на линии фронта. Немцы прорвали оборону и идут вперед. Надо отступать.

В госпиталь пришло распоряжение: раненых рассортировать. Кто может идти — взять с собой. Остальных — застрелить. Немцам не оставлять.

и жизнь, и слезы, и любовь...

И вот главврач госпиталя идет вдоль коек, чтобы определить, кого можно взять, кого нет.

Молодой отец Фрунзика — копия Фрунзик, вернее, наоборот. Он смотрит на врача своими огромными стекающими вниз глазами. В его глазах страх и мольба. Можно себе представить, ЧТО чувствовали раненые на этом обходе.

Врача удивило непривычное лицо. Он спросил:

— Ты кто?

— Армян.

— А кто это? — не понял врач.

Как ответить на такой вопрос? Отец стал перечислять выдающихся армян:

— Сарьян, Сароян, Хачатурян, Капутикян, Амбарцумян.

Отец набрал десять фамилий и замолчал. Больше он никого не знал. «Армяне кончились», — подумал он.

Судя по тому, что отец рассказал эту историю своему сыну, его не отбраковали. Взяли с собой. Он остался жить. Но какие пропасти войны обнажает эта короткая история и как сплетены в ней смешное и трагическое.

Смешное и трагическое — это и есть Фрунзик Мкртчян.

В сценарии был эпизод: в лифте стоят два японца. Входят наши герои: Буба и Фрунзик.

Японцы снизу вверх смотрят на вошедших. Один другому тихо говорит:

— Как эти русские все похожи друг на друга.

Для нас, русских, все азиаты на одно лицо. И то же самое для азиатов: все русские похожи друг на друга. Хотя наши герои совершенно не похожи: один грузин, другой армянин, один красавец, другой — отнюдь.

Настал день съемок. Директор картины привел двух казахов.

— Кого ты привел? — возмутился Данелия. — Тебе было велено достать японцев.

— А где я их возьму? — спросил директор.

— Где хочешь. Езжай в японское посольство и привези двух нормальных японцев в нормальных костюмах.

Казахи виновато моргали. Они, конечно, были узкоглазые, но это и все. Капитализмом от них не пахло.

Отложили съемку на завтра. А завтра в гостинице случился пожар. Это был известный пожар, о котором говорили по радио и показывали по телевидению.

Руководство гостиницы решило, что виновата съемочная группа. Были включены мощные приборы, которые привели к короткому замыканию. Так это или нет — неизвестно, но на другой день группу в гостиницу не пустили.

Два натуральных японца, одетых с иголочки, остались за дверьми гостиницы.

и жизнь, и слезы, и любовь...

Мерзли, ничего не понимали, но молчали вежливо.

Данелия стал умолять швейцара, чтобы он принес из номера занавеску. Занавеску можно было повесить на окно в любой мосфильмовской декорации и доснять недостающие сцены.

Швейцар согласился. Принес занавеску, но не отдал, а продал за деньги. Воспользовался безвыходной ситуацией. Пришлось заплатить.

Однако сцена в лифте сказала нам «до свидания».

Московский блок был отснят в конце концов. Группа поехала в Грузию. Точнее, в Кахетию. Снимали деревню в горах, где жил Мимино, герой фильма.

До сих пор живы эти островки древних поселений: Таркло, Омало. Экологическая еда, целебный воздух, затерянный рай. Когда привыкаешь к такой жизни, цивилизация кажется газовой камерой.

Однажды Данелия и оператор вышли с утра пораньше, и взору предстала картина: на горном склоне дрались два горных козла. Они пятились, потом разбегались и сшибались рогами. Данелия обернулся к оператору и заорал во все горло:

— Снима-а-ай!

Оператор не заставил себя ждать. Вскинул камеру, и камера застрекотала.

Козлы несколько раз сшиблись рогами. Потом один из них понял, что проиграл, и бросился наутек. А второй догнал его и дал рогами под зад.

Эти кадры вошли в фильм. Они оказались необходимы.

Как сценарист, я должна была присоединиться к группе. Могли понадобиться поправки в сценарии. Одно дело — писать на бумаге, которая все стерпит. Другое дело — реальное производство. Кино, как известно, синтез искусства с производством. Я поехала подгонять одно к другому: искусство к производству.

Я отправилась позже, чем группа. Мне необязательно было сидеть с самого начала до самого конца. График — свободный.

Я помню дорогу от аэропорта до гостиницы. Меня вез мосфильмовский шофер Сережа. Стемнело. Сумерки. Неасфальтированная дорога среди холмов. Неожиданно дорогу перебежала лиса. Я впервые увидела лису в естественных условиях. Увидела, что лиса — не что иное, как собака с нарядным хвостом.

На рецепции мне сказали, что номер режиссера на третьем этаже. Я хотела его обрадовать и помчалась на третий этаж через ступеньку.

и жизнь, и слезы, и любовь...

Данелия пребывал на кровати в третьем дне запоя. Я научилась различать по запаху. На третий день от человека пахнет чем-то лекарственным, довольно приятно.

Данелия пошевелился и спросил:

— Это ты?

— Как ты догадался?

— Почувствовал. Я тебя чувствую. Я тебя люблю больше всех на свете. Но еще больше, чем тебя, я люблю свою маму.

Что у трезвого на уме, у пьяного на языке.

Он любит маму. Связь между сыном и матерью — космическая, как правило. Мама любит внука, поскольку это продолжение сына, и хочет, чтобы у ребенка была полная семья: мать и отец. Нормальное желание.

Я — угроза полной семье. В их доме уже давно качается пол и едет крыша. Хорошо бы меня не было. Делась бы куда-нибудь. Но я есть. И стою в его номере. А он распластался на кровати, и ему нужен покой.

Я повернулась и пошла к себе. Мне тоже полагался номер.

На другой день группа уехала на съемку. Я пошла на базар, купила нужные продукты и приготовила на плитке блюдо, которое называется «аджаб-сандал».

Данелия чувствовал себя плохо, но все-таки как-то чувствовал.

Вечером все вернулись, собрались в его номере. Надо было обсудить план работы на завтра. Творцы, а именно второй режиссер, оператор, главный актер, директор, собрались в номере Данелии. Увидели сковородку с аджаб-сандалом и вдохновенно сожрали. Правильно говорить «съели». Но они именно сожрали, поскольку были молодые и голодные.

На другой день я опять отправилась на базар и повторила аджаб-сандал. Вечером все пришли на пятиминутку и опять все сожрали.

Так продолжалось неделю. Я поняла, что моя миссия — кухарка и посудомойка. С той разницей, что кухарке выдают деньги на продукты и платят за работу. А мне ни то ни другое.

Данелия ходил хмурый. Он плохо себя чувствовал и вряд ли замечал мои подвиги. Каждый вечер звонил домой. Отмечался.

Сценарные поправки были незначительные. Я сделала все что требовалось и собрала чемодан.

В аэропорт меня вез тот же Сережа. Та же дорога среди холмов, но я — другая. Я не смотрела по сторонам, не ждала лисы. Я плакала, не пряча слез. Сережа тяжело молчал. Ему неудобно было расспрашивать. Все-таки у нас разный статус. Но, независимо от статуса, он мужчина, а я — обиженная женщина. И ему хочется меня защитить. Он с удовольствием набил бы морду. Но кому? А спрашивать неудобно.

Причина моих слез в том, что я не могла жить без моего режиссера и с ним тоже не могла. Вырисовывалась схема: «ни с тобой, ни без тебя». Непонятно, что делать. Хочется умерти, как любила говорить моя любимая Настя.

Проводив меня, Сережа вернулся в гостиницу. В коридоре столкнулся с Данелией.

— Проводил? — спросил Данелия.

— Проводил.

— Все в порядке?

— Девочка плакала. Нехорошо. Обидели человека.

На другой день группа переезжала на новый объект. Все разместились в большом автобусе. Данелия лежал на заднем сплошном сиденье, отвернувшись от всех, и плакал. Его спина вздрагивала.

Буба Кикабидзе был тихо взбешен. Данелия компрометировал понятие «грузин» и понятие «мужчина».

Мужчина не должен плакать прилюдно, как баба.

Автобус тронулся. Все шло своим чередом: Данелия плакал, Буба бесился. А я вернулась в Москву и первым делом отправилась на базар. Купила все что надо и приготовила аджаб-сандал. Вечером моя семья собралась за столом и дружно сожрала прекрасное блюдо: мясо с овощами. Челюсти активно двигались, витамины разбегались по всему организму с криком «Ура!». И мои родные хорошели у меня на глазах. Становились красивые, здоровые и жизнестойкие.

В чем смысл бытия? Когда есть, кого кормить, и есть, чем кормить.

А что же случилось со сценарием «Шла собака по роялю»? Данелия отдал его начинающему режиссеру Икс.

У Икс была красивая жена, по этой или по другой причине ему никогда не хватало денег. Он везде занимал, а потом обязательно возвращал. Икс был артистичный, остроумный, радостный. Мы дружили.

Однажды ко мне из Ленинграда приехала мама, и в этот день заскочил Икс, чтобы отдать долг. Просто прийти и просто протянуть купюру — это неинтересно. Он явился со своим другом. Они вошли в прихожую и встали на голову, вверх ногами, разумеется. Из этой позиции Икс протянул мне деньги. Пришлось за ними нагибаться.

Я засмеялась, а моя мама ушла на кухню и заплакала. Я ее спросила:

— Ты чего?

и жизнь, и слезы, и любовь…

— А вот к моей Милочке никто так не придет и на голову не встанет…

Милочка — моя сестра. Она жила с мужем-полковником, суровым и дисциплинированным человеком. В доме всегда было одинаково скучно и прилично.

Уныло жить без праздников. Древние римляне требовали: хлеба и зрелищ. Зрелища необходимы так же, как хлеб. Может быть, поэтому мудрые евреи в конце каждой недели устраивают себе Шаббат. Суббота. Никто ничего не делает. Все отдыхают. Вкусно кушают, развлекаются. Шаббат помогает преодолевать одинаковость и скуку будней.

Получив сценарий, Икс договорился со мной о встрече. Надо было что-то обсудить, прояснить, уточнить. Мы условились, что он подъедет ко мне домой в одиннадцать утра. Икс приехал в четырнадцать. Опоздал на три часа. Это был плохой знак.

— Ты где был? — спросила я, скрывая разочарование.

— На мойке. Машину мыл.

Для него помыть машину важнее, чем приступить к работе. Работа — это любовь. И настоящий режиссер устремляется к работе, как влюбленный юноша к предмету своего вожделения. А если он по дороге заходит туда и сюда, значит, он не влюблен и никуда не торопится. И ничего ему не надо. И ничего у него не выйдет. Так и получилось.

Господь Бог, собирая Икс в дорогу, при рождении не положил в его рюкзачок (или корзину) режиссерского таланта. Другие таланты — не забыл, насыпал щедрой рукой, а этот просто не положил, и все. А чего нет, того нет, и никаким трудолюбием это не возместить.

Зато Икс был талантлив в отношениях с людьми: идеальный муж, прекрасный отец, верный друг и просто очаровательный человек. Природа часто действует по принципу «зато». Например, глупая, зато красивая. Или толстая, зато счастливая. Богатая, зато больная. И так далее… Перечислять долго.

Данелия был гениален, зато пил. Так бывает часто. Патология одаренности.

Пили Высоцкий, Твардовский, Олег Ефремов, Василий Шукшин и прочие самые яркие фигуры современности. Пил гениальный предприниматель, хозяин магазинов «Икея», Кампрад и не хотел избавляться от пьянства. Видимо, оно что-то дает дополнительно. Питает. А может быть, уравновешивает. Творчество — вдох, а запой — выдох. Гениям не следует избавляться от запоев, иначе получается один вдох без выдоха. Гениальность уходит не прощаясь, по-английски.

и жизнь, и слезы, и любовь...

Кодирование — это вмешательство в подсознание. А именно в подсознании живут талант и гениальность, и они не выносят, когда кто-то суется на их территорию. И талант уходит, уступая место трезвости. Не всякий захочет превращаться из гения в ординарность.

Лучше горькое счастье, чем серая унылая жизнь. Серую жизнь не хочет никто. Но и горькое счастье бывает слишком горьким.

Икс снял фильм «Шла собака по роялю» и даже получил приз на детском кинофестивале, но этот приз меня ни в чем не убедил. Фильм даже отдаленно не был похож на то, что мы придумали. Я стала бурчать и посылать оскорбления в сторону моего друга. Он позвонил мне и воскликнул:

— Что я слышу?

— То, что ты испоганил мой сценарий, — объяснила я.

— Ну и что? — удивился Икс. — Разве это повод портить дружбу?

Я очень удивилась такой постановке вопроса. Задумалась. И думаю до сих пор.

Существуют разные ценности. Для меня главная ценность — результат труда, успех. А для него — дружба. На весах: успех или дружба. А что главнее, я не знаю до сих пор. Иногда мне кажется, что дружба — это барабанная дробь. Она иссякает в конце концов. А успех — это хорошо сделанная работа.

Мопассан считал: смысл жизни в том, чтобы хорошо сделать свое дело. Но с другой стороны, дружба живет дольше любви. Она не зависит от физиологии, а значит, не зависит от времени. Она — вечна.

Фильм «Мимино» был снят. Шел монтажный период.

В монтажную пришел Ермаш — министр кинематографии, импозантный чиновник родом из Сибири. Приближался Московский кинофестиваль. Фильм Данелии планировали выставить на конкурс. Ермаш решил убедиться, нет ли там крамолы. Крамола нашлась: телефонный разговор Мимино с Тель-Авивом. Мимино случайно попадает в дом грузинского еврея Исака, который эмигрировал в Израиль. Исак тоскует. Мимино поет ему грузинскую песню. Исак подхватывает плача.

Эта сцена является смысловым центром всего фильма. В чем идея фильма? Хорошо не там, где хорошо, а там, где ты нужен. Там, где твои корни и где без тебя не могут обойтись.

Валико Мизандари (Мимино) нужен у себя в горах. И он туда возвращается.

Ермаш сказал:

и жизнь, и слезы, и любовь...

— Надо убрать телефонный разговор. У нас плохие отношения с Израилем. Слово «еврей» не должно упоминаться. Нет такого слова.

— Как это? — удивился Данелия. — Евреи есть, а слова нет.

— Не вникай, — посоветовал Ермаш. — Убери эту телефонную сцену, тогда фильм пойдет на фестиваль.

Несколько слов о фестивале: Европа и Америка отказались принимать в нем участие. Почему? Потому что русские накануне сбили гражданский корейский самолет, в котором было двести пятьдесят человек мирных корейцев. «Боинг» рухнул из поднебесья в океан. На поверхности воды плавали куклы. Это был обычный гражданский рейс, который приняли за шпионский. Ошиблись. Ошибочка вышла.

Весь цивилизованный мир содрогнулся от ужаса. Кинематографисты игнорировали Московский фестиваль. Согласилась только Африка. Однако фестиваль международный, и Ермаш боялся потерять свое хлебное и престижное место.

Без последней сцены фильм кастрирован. Если нет телефонного разговора с Исаком, то зачем было огород городить?

Данелия задумался. Он был не из тех, кто лез на рожон. Тарковский, например, не принимал никаких поправок, не шел ни на какие уступки. Презирал начальников. Что могут понимать в кино эти серые необразованные дядьки, которых интересует только собственный паек?

Тарковский стоял как скала. Кончилось все тем, что он остался в Италии и умер там довольно рано. Отстоял свои принципы, но лишил себя старости. Умер, не успев постареть. А старость — это большой и важный кусок жизни, период осмысления.

Данелия умел лавировать. Я его понимала. Фильм — часть жизни и результат труда большого количества людей. Он должен выйти на экран. Данелия пообещал Ермашу, что уберет неугодный эпизод, но сделает это в одной-единственной фестивальной копии. Весь остальной тираж будет напечатан в первозданном виде.

Ермаш согласился. Он был хитрый и опытный чиновник. Он решил, что вначале пойдет на условия режиссера, а потом пустит весь тираж оскопленным. Но Ермаш недооценил Георгия Николаевича. Гия пометил фестивальную копию какой-то своей меткой, как Мальчик-с-пальчик из сказки, и лично проследил, чтобы в прокат вышла полноценная копия.

Ермашу надоело бодаться с Данелией. Он махнул рукой. На фестивале шла поруганная копия, но фильм все равно получил главный приз. Почему? Потому что остальные фильмы были много хуже.

и жизнь, и слезы, и любовь…

Фильм «Мимино» живет до сих пор. Его часто повторяют. В чем причина? В том, что в него вложена энергия большого таланта, а талант не стареет и не выцветает.

Люба

Люба Соколова — гражданская жена Данелии. Они прожили вместе двадцать пять лет.

Все началось на съемках фильма «Хождение по мукам», режиссер — Григорий Львович Рошаль. Эта повесть Алексея Толстого была экранизирована несколько раз. Не всегда удачно. Возможно, причина в самом материале.

Любе в ту пору было тридцать шесть лет. Она пребывала в расцвете жизни. На пике своих возможностей.

Съемки происходили на юге. Двадцатишестилетний Георгий Данелия приехал на практику. Он учился на высших режиссерских курсах, был в разводе с первой женой. Молодой, свободный грузин с прямой спиной (прямоходящий), гормонально насыщенный.

На Любу он не обратил внимания. Она была совершенно не в его вкусе. Народный типаж. Ему нравились современные гламурные девушки. А Люба — сама Россия.

С нее можно было рисовать плакат «Родина-мать».

Позднее в телевизионных интервью Люба говорила: Гия влюбился в меня, потерял голову, скрыл, что моложе на десять лет. Как будто это можно скрыть.

Бывает, конечно, когда разница незаметна либо гармонична. Но не в случае Любы и Георгия. Они смотрелись, как тетка с племянником.

Инициатива знакомства принадлежала Любе. Она постучала в номер Данелии, вошла и сказала: «Гия, я в вас влюбилась».

Данелия обрадовался: не надо искать, ухаживать, напрягаться. Все готово. Можно просто положить в рот как таблетку. Гия не возражал. Это называется: пусти козла в огород.

Люба была чиста душой, открыта и прекрасна. Она любила молодых, как и Нонна Мордюкова. Мне Нонна сказала однажды, что для нее мужчины старше двадцати четырех лет не существуют. Видимо, Люба была из этой же серии. О чем это говорит? О бескорыстии. Ценится только страсть, Любовь в чистом виде без учета перспектив.

Расчетливая женщина никогда не свяжет свою жизнь с мужчиной на десять лет моложе. Это все равно что сесть играть в заранее проигранную игру. Мужчина все равно сбежит рано или поздно. Природа победит.

и жизнь, и слезы, и любовь...

Люба не смотрела далеко вперед. Вспыхнул роман. Он продолжился в Москве. Почему бы и нет?

Гия помог Любе купить квартиру возле метро «Аэропорт». Там строился жилищный кооператив. Гия дал Любе половину суммы.

С одной стороны: почему не всю сумму? Гия жил в обеспеченной семье. Его отец был генерал Метростроя. А с другой стороны, половина суммы лучше, чем ничего. Остальную половину можно собрать в долг. Люба так и сделала. У нее появилась отдельная однокомнатная квартира в элитном районе. Бездомный период закончился.

Гия привык к Любе. Стал приходить к ней. Собирались компании: пили, пели, плясали. Однажды случайно перевернули аквариум с рыбками. Рыбки оказались на полу. Люба помчалась на кухню, взяла большую кастрюлю, наполнила ее водой и побросала туда несчастных. Рыбки были спасены.

Данелия рассказал мне эту историю как что-то необыкновенное. Как пример великодушия Любы. А я не вижу здесь ничего особенного. Рыбкам нужна вода. Люба им эту воду предоставила. Не погибать же маленьким божьим созданиям.

Гия не был влюблен в Любу, но очень хорошо относился и не любил огорчать. Он ценил в ней человеческие качества. Такие характеры встречаются только в глубинах русского народа. Когда встречаешь таких людей, как Люба, невольно думаешь: русские — великая нация.

Роман продолжался. И окончился беременностью. Казалось бы, все логично, но в случае с Любой — это огромная радость, спасение. Любе — тридцать семь лет. Детей нет. Время уходит. И вдруг — шанс. Она может успеть родить ребенка и стать матерью. Все как у людей.

Данелия воспринял эту новость как катастрофу. Ему казалось, что на него накинули петлю и поймали, как дикую лошадь.

Люба никого не ловила. Она просто любила Гию и просто хотела ребенка. Иметь своего — это же лучше, чем усыновлять из детского дома. Непонятно какие гены. А тут — свой, да еще от удачного грузина. Смесь кровей. Хорошая наследственность.

Данелия объяснил Любе, что у нее нет перспектив. Он не женится, и ребенок будет расти без отца. Безотцовщина. Лучше, если Люба сделает аборт.

Люба утешала. Она приводила в пример Андрея Кончаловского, у которого пять детей на стороне — и ничего.

и жизнь, и слезы, и любовь...

— Если ты не сделаешь аборт, я разобью себе голову об стену, — угрожал Данелия.

— Твоя голова, что хочешь, то и делай...

Любино решение было твердым и окончательным.

Я не знаю, правда это или Данелия врал, но мне он рассказал: так и сделал. Выполнил свое обещание: разбежался и ахнулся головой о стену кирпичного дома. И потерял сознание. Очнулся в больнице. Рядом сидела Люба со скорбным лицом, держала его за руку и плакала. Это были крокодильи слезы. Крокодил обычно плачет, когда жует свою жертву. Плачет, но жует. Так и Люба. Она страстно любила Данелию, но не шла у него на поводу. Она хотела ребенка с той же силою, с какой Гия не хотел.

Родился мальчик. Роды были очень тяжелые, поперечное предлежание. Ребенка тащили щипцами. Но он родился, родился. Он — был.

Данелия ее не встречал. Он в это время был на севере на съемках фильма «Путь к причалу», по сценарию Виктора Конецкого.

Встречали Любу чужие люди. Принесли толстое одеяло.

Далее вмешалась судьба.

Мама Георгия, Мери Анджепаридзе, знала, что Люба родила. Она захотела посмотреть на внука и пришла к Любе. И увидела копию своего мужа: брови вниз, нос крючком. Грузин.

Сердце Мери сделало кульбит, перевернулось в груди и стало на место. Меричка полюбила этот росток, этот космический пузырь. Она забрала внука к себе в дом вместе с Любой. Она не могла оставить мальчика без собственного досмотра.

Назвали Колька. Этот Колька вкатился в дом на Чистых прудах, как ясно солнышко. Все осветил и осмыслил.

Меричка тут же ушла на пенсию. Она работала вторым режиссером на киностудии «Мосфильм». Сама сняла несколько фильмов. Была вполне талантлива и амбициозна. Но с появлением внука амбиции кончились. Меричка поняла, что все кино — мура в сравнении с этим комочком, живым и теплым.

Ребенок был буквально красавец с огромными грузинскими глазами, а главное — свой. Своя кровь.

Люба не могла нарадоваться, не могла насмотреться. Она стояла перед кроваткой и повторяла: счастье, счастье. Первое слово, которое произнес Колька: тя-тья… Это значит счастье.

Он стал счастьем для всех и в конце концов для Георгия.

Гия появился через восемь месяцев. Колька уже ползал на руках и на коленках. Квартира была большая, генеральская, и Колька стремительно пересекал ее вдоль и поперек.

Гия увидел ребенка, счастливую Мери — и промолчал. Он не смог и не посмел возразить, сказать: нет. «Нет» — это значило: Люба с ребенком покидают Чистые пруды и возвращаются на Аэропорт.

За долгое отсутствие, за время съемок Гия не один раз проваливался в глубокий запой и так устал, так оскотинился, что был счастлив оказаться дома в чистоте и светлом царстве, где ползал чудесный мальчик, бог послал.

Гия смирился. Все осталось так, как хотела Мери. Но в глубине души остался осадок: его поймали, употребили. Все обустроили помимо его воли. И в душу упало зерно протеста.

Гия воспринимал Любу как то, что ему навязали. Поэтому он не стал с ней расписываться. Оставил для себя как бы лазейку на свободу. Вот придет настоящая любовь, и он выскользнет в эту лазейку.

Люба оказалась идеальной женой. Она вела дом, была кухарка, прачка, горничная. Она перемыла за свою жизнь столько тарелок, что, если их поставить одну на другую, — достанет до Луны. Люба терпела все его запои. Была верна как собака. Идеальная мать, преданная и самоотверженная, буквально Богородица.

В этот период она стала много сниматься. Зарабатывала. Приносила доход в дом. Ее можно было не ревновать. Верность обеспечена. Никаких других интересов, кроме мужа и сына, у нее не было.

Что же мешало Георгию? Разница в возрасте. Она была видна. Гия стеснялся. Старался не выходить с Любой на люди. Люба не обижалась. Она тоже стеснялась выходить с Гией в людные места: в ресторан, в театр.

Гия брал меня. Иногда приходилось прерывать работу и отправляться в ресторан. Я не была одета подобающим образом. Люба меня украшала: выносила бусы, кольца. Меня это поражало. В сущности, я была опасна для их союза. Данелия был влюблен в меня, это бросалось в глаза. Он буквально расцветал, когда я входила в их дом. Я была моложе Любы на семнадцать лет, а это много, целая жизнь. И вместо того, чтобы гнать соперницу каленой метлой, Люба выносит мне бусы, украшает. Что это?

Потом я поняла: это великая хитрость и составная часть борьбы. Руку дающего не укусишь.

Гия был ее ВСЕ. До Гии Люба была никому не известная, одинокая, невостребованная как актриса и как женщина. А сейчас мать, жена, народная артистка. Гия дал ей все: семью, сына, профессию, статус, яркий секс.

и жизнь, и слезы, и любовь...

Она держалась за него руками, ногами и зубами.

У Любы был мощный враг. Разница в возрасте. Этого врага невозможно преодолеть. Единственный союзник Любы — алкоголизм. Запои лишали Гию маневренности. Он был как лодка, прицепленная к берегу толстой цепью. Не мог оторваться и уйти в свободное плавание. Запой вырубал из действительности, а после запоя никаких сил. Дай Бог добраться до уборной. Единственное спасение — Люба. Она была той соломинкой, за которую хватается утопающий.

Люба ждала, что Гия наберет года, перестанет быть молодым, ослабнет и станет не нужным никому, кроме нее. Это была реальная возможность удержаться.

Однажды я вошла в ванную комнату. Люба стирала. Перед ней стоял таз, полный мужских трусов и носков.

Я удивилась:

— Ты же актриса, а стираешь, как обычная прачка.

Люба хмуро ответила:

— Вот выйдешь замуж за грузина, тоже будешь батрачить.

Я поняла, что она ревнует. Все непросто.

— У меня уже есть муж. Зачем мне грузин?

Я хотела притушить ревность Любы.

Невозможно себе представить, как бы я вписалась в грузинскую семью. Я ненавидела всю домашнюю работу, любила только писать книги. Но делала это хорошо.

Дом творчества «Болшево». Мы с Гией работаем над сценарием.

Среди отдыхающих Инна Гулая, жена Гены Шпаликова. Оба пьют и катятся под откос. Гена исчез из Дома творчества не заплатив. Оставил в залог Инну. Но и Инна тоже тихо сбежит по той же причине. Нет денег.

Инна вернулась в Москву, позвонила Любе Соколовой и открыла ей глаза. У Токаревой с Данелией роман, а Люба — дура, которая все это допускает. Надо немедленно ехать в Болшево и разоблачить преступную связь. Непонятно, почему Люба бездействует, почему ей не ясно то, что ясно всем и каждому.

Я сидела у себя в номере с книгой, когда отворилась дверь и вошла Люба. Это было послеобеденное время. Гия отсутствовал. У нас был перерыв.

Я с удивлением подняла глаза, смотрела на Любу. На ней — белая кофточка, которая ей очень шла.

Я привыкла видеть Любу в домашних условиях, в домашнем халате, драном под мышкой.

и жизнь, и слезы, и любовь…

А сейчас она стояла передо мной в красивой кофточке, совершенно не старая, не потерявшая товарный вид.

— Ты хорошо выглядишь, — заметила я, но Люба отвергла мою любезность.

Она начала взволнованно говорить о том, что ее мучило. Я запомнила фразу: «Я тоже женщина, у меня мама есть».

Меня тронули ее слова. Прежде всего — это талантливо. А я слышу и ценю талант.

Я выслушала монолог Любы и сказала:

— Успокойся, Люба. Мы просто работаем. Данелии нужны свежие мозги, а мне нужен успех. Гия — талантливый режиссер, работа с ним — гарантия успеха. Я не могу отказаться от такого сотрудничества. Через месяц мы закончим сценарий и располземся по своим домам. У меня маленькая дочка. Она по мне скучает. Ты думаешь, что только ты любишь своего ребенка? Я тоже люблю дочку и хочу домой. Скоро полдник. Пойдем в столовую, попьем чай. Веди себя нейтрально. Не надо развлекать аудиторию, все только и ждут сплетен…

Мы зашли за Данелией. Спустились в столовую. На столе стояли коржики. Официанты разливали чай.

Отдыхающие стекались в столовую, с удивлением пялились на наш треугольник. Данелия — вершина треугольника — сидел с непроницаемым лицом. Люба — спокойная, слегка напряженная, приветливая. Все-таки она — хорошая актриса.

А я сидела ко всем спиной. Моего лица не было видно. Что я чувствовала? Мне было жалко всех. Гия — жертва Любы. Люба — жертва Гии. А я раба любви, тоже жертва.

В поздравительных телеграммах обычно желают здоровья, успехов в работе и счастья в личной жизни.

Здоровье у меня было. А успехи в работе и счастье в личной жизни обеспечивал Данелия. Куда денешься? Никуда не денешься.

Царь Соломон написал: «Все проходит». Он ошибся. Не проходит ничего.

На «Мосфильме» планировали совместный советско-итальянский фильм. Режиссер с советской стороны — Георгий Данелия. Нужен был сценарий. Данелия пригласил меня. Предстояла поездка в Италию. Документы были оформлены.

Люба не поленилась и пошла на прием к директору «Мосфильма». Она поведала ему, что сценаристка Виктория Токарева крутится под ногами у Данелии, как шелудивая собака, и нарушает покой семьи. И она, законная гражданская жена Любовь Соколова, просит дирекцию «Мосфильма» не допустить поездку Токаревой в Италию.

и жизнь, и слезы, и любовь...

Директор вник и принял меры. Меня не выпустили.

Я ничего не знала, мне было все равно. А Гия оказался в курсе Любиного зигзага и возмутился.

— Как ты могла пойти на такую подлость? — удивился он.

— Я боролась, — спокойно ответила Люба. — Сколько можно бездействовать...

Данелия поехал в Италию без меня. С переводчиком Валерой Серовским.

Вернувшись, он привез мне полный гардероб на все времена года. Любе он привез теплые сапоги на меху. Нужная вещь в нашем климате.

Люба спокойно взяла подарок, подсморкнула носом и ушла в свою комнату. Ее позиции были незыблемы.

С замыслом у Данелии ничего не вышло. Постановку передали Рязанову. Эльдар Александрович снял фильм «Приключения итальянцев в России».

Совместные фильмы не бывают хорошими. Они, как правило, фальшивые и натужно смешные. Развлекуха.

Я была довольна тем, что мы соскочили с этой халтуры. Сохранили время и душу.

Шила в мешке не утаишь. Наши отношения вылезли наружу. Данелия влюбился необратимо. Люба поняла, что ее время кончилось. Начался ее путь на Голгофу. Она страдала безмерно, плакала, грозила покончить с собой. Колька обнимал ее за шею, говорил: «Мамочка, не плачь, я вырасту и женюсь на тебе».

Голгофа началась и для меня. Я сидела как собака на заборе — ни туда ни сюда. Данелия должен был что-то решить, но он тянул и тем самым длил Голгофу. Легче всего ему было запить на неделю и выпасть из действительности. Он бродил по Млечному Пути в своем спасительном забытьи.

Коле исполнилось восемнадцать лет, предстояла армия. В те времена все мажоры (дети состоятельных людей) ложились в психушки и получали фиктивный белый билет. Колю положили в психушку. Люба пришла в больницу, встретилась с врачом. Врач, молодая и строгая, сообщила суровый диагноз.

— У него нет никакого диагноза, — мягко объяснила Люба. — Мы договорились. Вы просто не в курсе.

— Я не знаю, с кем и до чего вы договорились. Я сообщаю, что ваш сын болен и его надо лечить.

Эта новость как встреча с грузовиком, который несется прямо на тебя.

Люба пришла домой и сказала Гии:

— Это все из-за тебя...

и жизнь, и слезы, и любовь...

Гия поверил. Коля был свидетелем страданий матери, его неокрепшая душа не выдержала и треснула. Гия почувствовал себя глубоко виноватым. Никому не пришло в голову, что причиной может быть алкоголь. Я каким-то образом оказалась втянута и стала объектом вины. Сообщница преступления. Я пыталась утешить Гию, но с ним стало невозможно разговаривать. Это был уже другой человек. Он сдулся, как проколотый воздушный шар. Я поняла, что любовь ушла из него и я ничего не могу с этим сделать. Люба победила в холодной войне, как Америка.

Умерла Мери.

После похорон Данелия отдал Любе связку ключей и сказал:

— Теперь ты хозяйка этого дома.

Люба взяла ключи, привычно подсморкнула носом и пошла в свою комнату.

Она бесконечно долго, больше десяти лет, мечтала об этом финале, и она его дождалась. Но почему-то не испытывала большой радости от победы. Вместо радости — усталость и опустошение. Она грохнулась на кровать и заснула. Свято место пусто не бывает. На моем месте возник другой персонаж. Гии надоело быть нерешительным и подлым. Он захотел почувствовать себя настоящим мужчиной. Явился к Любе и попросил, чтобы она освободила помещение.

Все случилось как в дурной пьесе: в первом акте — одно. Во втором акте — наоборот. Перевертыш. Связку ключей пришлось вернуть.

Мир Любы рухнул. Но она довольно быстро оклемалась. Когда Люба поняла, что обратного хода нет, не стала тратить время на страдания. Какой смысл?

Я увидела ее случайно в телевизионном интервью. Передо мной сидела совсем другая Люба Соколова. Не зашуганная, не униженная, не простоватая Родина-мать. Сидела благородная, умная, знаменитая актриса.

Я вдруг подумала: почему она так мучительно выгрызала у жизни свое счастье? Разве это было обязательно?

Она полюбила не того. Любовь зла. Вышла бы замуж за генерала, как Алла Тарасова, или за профессора — и ходила бы в каракулевой шубе в уважении. Так нет. Она полюбила пьющего, избалованного, эгоистичного, который опустил ее ниже плинтуса. И она согласилась и тянула эту унизительную лямку, как бурлак тянет баржу.

Эра Данелии кончилась. Люба помучилась какое-то время. А потом сбросила прошлое как тигра с плеч. И воспряла. Стала тем, кто она есть: большая актриса и значительный человек.

и жизнь, и слезы, и любовь…

Считалось, что союз Гии и Любы — мезальянс. Это и был мезальянс, но с точностью до наоборот. Это Люба осчастливила Гию, стала для него всем. Благодаря ей он состоялся как большой режиссер, снял свои уникальные ленты.

Прошел год после событий.

Творческую интеллигенцию собрали в Кремлевском дворце. Повода не помню. Какой-то праздник.

Я нарядилась и явилась — не запылилась. И вдруг нос к носу столкнулась с Любой.

Я растерялась и сказала:

— Здравствуй, Люба.

Ее лицо озарилось радостью. Она так улыбнулась, как будто встретила близкого человека. Может, не узнала или перепутала. Нет, узнала. Ни с кем не перепутала. Искренне обрадовалась. Значит, она не держит на меня зла. Не злопамятный человек. Я превратила в ад десять лет ее жизни, а она — простила. Поняла, что и я тоже попала под колеса адской машины и я тоже жертва. Я тоже женщина, и у меня мама есть. Хорошо, что я выскочила из-под колес и уцелела. Меня спасла профессия.

И Любу тоже спасла профессия. Талант удержал ее на краю пропасти.

Сын Колька ушел из жизни в двадцать пять лет, оставив после себя двух дочек.

Этой темы я не хочу касаться. Мне страшно себе представить, ЧТО пережила Люба и как это вообще можно пережить.

Люба назвала сына Николаем в честь святого Николая Угодника.

Во время блокады ее муж (был такой) обезумел от голода, отобрал у нее хлебную карточку и выгнал из дома. Люба вышла во двор, села на лавочку, собралась умирать и вдруг увидела бедно одетого мужичка в ушанке с темным, как будто загоревшим лицом. Он остановился рядом и проговорил: «Есть будешь мало, но выживешь. Жить будешь долго и станешь любимой людьми».

Проговорил и ушел. Голодная Люба решила, что у нее галлюцинации. Она пошла в церковь, которая находилась неподалеку. Идти далеко у нее не хватило бы сил.

В церкви она подошла к иконе Николая Угодника и вдруг в темном лике святого узнала мужичка в ушанке. Значит, Николай Угодник посетил ее в минуты роковые.

Люба назвала своего сына Николаем.

Предсказания святого сбылись. Люба прожила восемьдесят один год и была любима народом. Образ, созданный ею в кино, оказался понятен и мил. И совпадал с судьбою многих и многих простых русских женщин.

Однажды я посетила ее могилу и поразилась: могила была завалена цветами, высокая гора цветов, как стог сена. Внизу лежали подвядшие, а сверху свежие.

Люди шли и шли. Актриса Любовь Соколова стала для них практически святой. Все перенесенные ею страдания легли в фундамент ее образа. Не пропали даром.

Может быть, Люба изначально была задумана как святая, недаром ее посетил сам Николай Угодник. Любе выпало много испытаний, но Бог испытывает тех, кого он любит.

«Совсем пропащий»

Этот сценарий — экранизация книги Марка Твена «Приключения Гекльберри Финна».

Меричка (мама Гии) обожала Марка Твена. Она и уговорила сына снять эти приключения.

Встал вопрос: с кем работать? Выбор пал на меня. Я была молодая, выдерживала любую нагрузку, и привлекательная. Приятно посмотреть.

Меня одобрял Николай Дмитриевич, отец Данелии, и однажды, проходя мимо комнаты, где мы работали, кинул мне яблоко. Я поймала. Отец Данелии — генерал Метростроя, мощный, значительный человек, и вдруг — кинул мне яблоко, как жонглер, и я поймала. Сказка!

Спрашивается, а как же мой муж? Он делал вид, что ничего не замечает. Он выжидал.

О разводе я не думала. Как это возможно? Хлопнет дверь, и мы с Игорем чужие люди? Нет. Это нереально.

Шила в мешке не утаишь. По Москве ходили разговоры. Дошли они и до Сонечки.

Она спросила у Игоря:

— Почему ты с ней не поговоришь? (С ней — это со мной.)

Сонечка придавала большое значение беседе: если сказать «возьми себя в руки», то все тут же наладится и встанет на свои места.

Игорь ответил:

— Если я начну с ней говорить, то рискую услышать то, чего не хочу знать.

А Лева, который присутствовал здесь же, сказал:

— Если она так поступает, значит, не может иначе.

Он был прав. И благороден.

Я искренне любила Соню и Леву. И я понимала, что приношу горе в их чистую и безмятежную жизнь. Но что я могла сделать против цунами? Где-то я прочитала, что во время цунами в потоке плыли рядом удав, человек, тигр и собака и каждый не обращал на другого никакого внимания. Каждый боролся только за свою жизнь.

Стихия.

и жизнь, и слезы, и любовь…

«Совсем пропащий» запущен в производство. На главные роли приглашены Евгений Леонов и Вахтанг Кикабидзе.

Действие происходило на Миссисипи, то есть в Америке. Америку Данелия нашел в Прибалтике.

Съемки проходили в Риге. Я в это время жила в писательском Доме творчества на Рижском побережье.

Лето. Море. Сосны. Счастье.

Однажды утром я вышла на балкон, и меня опалила радость жизни. Я села и написала Данелии письмо, в котором были лето, море и жар счастья. Зачем письмо? Чувства перехлестывали берега. Надо было их зафиксировать. Писательская привычка. Я знала, что никогда больше не буду ТАК счастлива и не смогу ТАК выразить. Я напечатала письмо на машинке в двух экземплярах. Еще одна писательская привычка.

Данелия приезжал каждый день после съемок. Я отдала ему первый экземпляр. Второй оставила себе. С точки зрения литературы письмо было маленький шедевр. А шедеврами не раскидываются, поэтому я оставила себе второй экземпляр.

Это письмо имело неожиданное продолжение.

Через много лет в конце своей жизни Данелия неожиданно позвонил мне и спросил:

— У тебя есть копия того письма?

— Какого письма?
— Которое ты дала мне в Риге.
— Есть, — вспомнила я.
— Отдай мне, — попросил Данелия.
— Зачем?
— Ты понимаешь, я положил твое письмо во внутренний карман своего выходного костюма, а письмо пропало.
— А зачем оно тебе?
— Я хотел, чтобы меня в этом костюме похоронили вместе с письмом.
— Ты что, умирать собрался?
— Нет. Но когда-нибудь соберусь. В могиле холодно. Твое письмо будет греть.
— Оно сгорит вместе с костюмом.
— Пепел останется.
— Я поищу… — пообещала я.
— Найди, пожалуйста.

Я положила трубку и застыла как соляной столп. Я не думала, что его чувства столь глубоки и долгоиграющи. Он пронес их через всю жизнь и дальше.

Фильм «Совсем пропащий» был закончен. И одновременно с этим у Советского Союза испортились отношения с Америкой. Опять возник Ермаш, но уже не в монтажной комнате, а в смотровом зале Госкино.

Ермаш потребовал переделать финал. Имеющийся финал был смешной и грустный.

и жизнь, и слезы, и любовь...

Он вызывал сшибку в душе. Хотелось улыбаться сквозь слезы. Но, поскольку отношения великих держав испортились, надо было как-то обозначить в финале наше советское преимущество.

Бедный Данелия ломал голову, но пришлось обозначить. Ничего не придумывалось. Данелия вложил в текст Гека какие-то политкорректные слова, которые начисто сломали финал. Но выхода не было. Или так, или никак.

Данелия все понимал, но из двух зол надо было выбирать меньшее. Меньшее зло — это поправки. Он их принял.

Конец — делу венец. А здесь — ни конца, ни венца.

В дальнейшем, когда я хотела испортить Гие настроение, я касалась именно этого постыдного эпизода. Я добивалась того, что хотела. Всякий раз у него портилось настроение, он становился хмурым, лицо чернело, и мы ругались всласть. На полную катушку.

Ссоры — это составляющая часть любви.

Наши разборки были взрывные, абсолютно сицилийские. Жаль, что я их не записала.

Помню, однажды я выкрикнула:

— Когда ты помрешь, я приду и плюну на твою могилу!

Он помолчал, потом сказал:

— Что ты такое говоришь? У меня же воображение...

— Вот и воображай дальше сам. Я тебе не соавтор.

После таких страстных ссор шли страстные примирения и обещания. Казалось, что мы не можем расстаться. Слишком драгоценные были нити, скрепляющие нас. А именно: союз двух талантливых людей и, как результат, духовные дети — наши общие фильмы.

Мы не были расписаны в паспорте, но наши фамилии стояли рядом на экране.

«Афоня»

Сценарий Александра Бородянского.

Саша Бородянский — молодой и никому не известный — жил где-то на краю света. Кажется, в Воркуте, где сплошная полярная ночь.

Он прислал на «Мосфильм» свой сценарий «Афоня» по почте. Это называется «самотеком».

Маршак говорил: «Талантливому писателю нужен талантливый читатель». «Афоня» попал в руки талантливому редактору. Тот не отбросил рукопись в сторону, а передал в Шестое комедийное объединение.

Данелия прочитал и загорелся. Бородянского вызвали телеграммой. Он приехал в Москву с красивой женой Таней.

и жизнь, и слезы, и любовь...

Работать над сценарием поехали в Крым: Гия, Саша и Таня.

Данелия позвонил мне из Ялты и попросил приехать. Он привык, что я сижу за пишущей машинкой и слышу не только каждое слово, но и то, что между слов.

Возле Бородянского была красавица Таня, а Данелия — одинок, как утес.

Я выслушала предложение и стала думать: зачем мне ехать? Сценарий — не мой. Автор Саша Бородянский. Данелия — не мой. Муж Любы Соколовой, пусть гражданский, но все равно. У них семья.

В каком качестве я поеду? Обслуживать чужой сценарий и настроение режиссера?

А меж тем у моего мужа нет выходного костюма. А в продажу поступили польские костюмы, серые, с едва заметной клеткой. Очень элегантные.

Я пошла в магазин и купила мужу польский костюм. Деньги кончились.

Данелии я сказала, что не приеду. Настроение испортилось у обоих. Он пространно что-то говорил по телефону на тему долга и счастья. Из этой беседы вытекало, что я должна добавить ему счастья. В этом состоит моя миссия. А долг у него перед семьей. Но у меня тоже долг перед моей семьей, и я больше не хочу так жить. Похоже, я стою на льдине. Льдина подо мной треснула и стала разъезжаться. И ноги тоже пошли в разные стороны. Одна нога вправо, другая — влево. Чем это может кончиться? Либо я разорвусь, либо утону.

На дворе стояла ранняя весна. Я поехала в «Литературную газету», не помню зачем. Туфли проваливались в жижу снега с дождем. Я шла и плакала. Мне было очевидно, что я села между двух стульев.

Отношения с мужем заметно испортились. Он махнул на меня рукой и жил автономно. Новый костюм висел в шкафу невостребованный.

Сонечка переживала и тихо ненавидела.

Я приняла решение о независимости, как африканское государство. Это решение далось нелегко. Я похудела вдвое. Лицо стало зеленым, под глазами — синие круги.

Я заподозрила, что у меня рак. Легла на диван лицом к стене и стала умирать.

Игорь строго спросил:

— В чем дело?

— Я умираю, — объяснила я. — У меня рак.

— Кто сказал?

— Никто не говорил. Я сама знаю.

Игорь вызвал родителей. Родители тут же прискакали на палочке верхом.

Соня сняла плащ и села возле меня на диван.

— Вика! — начала она торжественно. — Ты должна взять себя в руки! Даже если есть причина, ты все равно должна взять себя в руки. А если нет причины — тем более.

Соня говорила официально, как директор школы. Эти простые слова проникали в самое мое нутро, как молитва проникает в душу верующего. И я верила. Внимала. Моя душа откликалась. Почему? Потому что Сонечка была неравнодушна. Она меня понимала. Она и сама была молодая и испытывала нечто подобное. У нее тоже был лидер и муж Лева. На фоне лидера Лева казался тусклым, второсортным. Но это все мираж: лидер, не лидер... Надо спуститься с небес на землю и понять: лучше синица в руках, чем журавль в небе. Лидер нужен для кино. А жизнь — не кино. Жизнь — это каждый день. Это работа. И супруги, как два вола, должны тянуть общую телегу жизни, сообща любить своих детей.

Сонечка ничего такого не говорила, но все это было в ее голосе, назидательном, как лекция.

Вечером Игорь сказал мне неожиданную фразу:

— Ты — писатель. Твоя сила — в интонации. Гони ты всех своих соавторов.

Кино — это сплошное соавторство: сценарист + режиссер + актер + оператор + композитор. Фильм — это симфония, где каждый инструмент — соавтор.

А писатель — один, наедине с чистым листком и своим воображением. Писатель — маленький бог, из ничего создает свою вселенную. Нужна она кому-нибудь или нет — это другой вопрос. Но она — есть.

Как там у Александра Сергеевича: «Громада двинулась и рассекает волны. Плывет. Куда ж нам плыть?»

«Афоня» снимается где-то под Ярославлем. Это близко от Москвы. Несколько часов на электричке.

Данелия попросил меня привезти сетку апельсинов. Это нужно было для съемки. Я согласилась и привезла. Почему бы и нет? Меня встречали шумно. В первых рядах — Савелий Крамаров с цветами. Он вручил мне цветы. Они были пыльные и грязные, сорванные с привокзальной клумбы. Хотелось дать этими цветами ему по башке. Но сие невежливо. Я приняла.

Далее следовал прием в сельской столовке. Центральное блюдо — котлеты из сомнительного фарша.

Савелию в ту пору было тридцать семь лет. Умер он в шестьдесят. Практически расцвет. В Америке.

О его смерти я узнала по радио. Было сказано: «Умер он тихо». Мне почему-то кажется, останься он в Москве, жизнь его пошла бы по другой колее.

Он так был предназначен для жизни, для веселья, для творчества. Он весь как грибной дождь. Без него — скучно.

Очень жалко Савелия и как-то обидно за него. Просверкнул, как факел, и погас. И где-то далеко его могила. И кто на нее придет? Разве что кучка эмигрантов…

«Афоня» снят. Поставлена точка. Последний съемочный день.

Группа решила отметить это событие. Позвали меня. Отправились в ресторан Дома литераторов. Там было красиво и недорого.

Пускали только писателей, поэтому я была необходима. Я уже к тому времени состояла в Союзе писателей. Могла прийти сама и привести гостей.

Входом заведовал Михаил Семеныч — маленький еврей, хитрющий и знающий свое дело. Где он сейчас?

Мы прошли. Уселись за столик под лестницей — уникальная лестница, резьба по дереву невиданной красоты.

В этом зале принимали Клинтона, если я не путаю. Может быть, Рейгана. Короче, самую статусную фигуру современности.

У Данелии было прекрасное настроение. Во-первых, закончен труд, завещанный от

Бога. Во-вторых, предстояла реальная яркая выпивка. Он не пил долго, поскольку снимал, и трубы горели.

Началось торжество: тосты, закуска, выпивка, изумительно красивый деревянный зал, витражи, дух прежних хозяев, которые жили в этом особняке до революции. Говорили, что ЦДЛ (Центральный дом литераторов) — это дом Ростовых. Здесь ходили Пьер Безухов и Андрей Болконский, порхала Наташа.

Вряд ли, конечно. Всех этих героев придумал Лев Николаевич. Но хотелось верить.

Прошел час. Первым встал Куравлев и сказал:

— Я должен идти домой. Я обещал жене прийти пораньше.

Куравлев обожал свою жену.

Еще через полчаса поднялся Саша Бородянский:

— Мне надо идти за ребенком в детский сад.

— Ну, Саша… — взмолился Данелия.

— Не могу же я оставить ребенка в детском саду. Он подумает, что его бросили.

Следующим засобирался оператор.

— Сегодня футбол, — объяснил он. — Играет «Спартак».

Через два часа все разошлись. Остались двое: Данелия и я. Мне тоже надо было идти домой, но я не могла бросить его одного.

и жизнь, и слезы, и любовь…

Данелия сидел печальный, преданный ближним кругом, как царь Николай II перед отречением от престола.

Я молчала. Что тут скажешь? У каждого своя жизнь, и никто не обязан сидеть в ресторане до закрытия и разделять чужое раздолье.

Данелия проговорил негромко:

— Я алкоголик, и это моя трагедия. Если бы я мог, я отдал бы весь свой успех, надел бы спортивный костюм за три рубля и пошел бы по улицам — здоровый и свободный…

Я помню, были такие хлопковые костюмы за три рубля. Темно-синие.

Через какое-то время я напомнила Данелии эти его слова.

— Я ничего такого не говорил, — отрекся он.

Видимо, это признание лежало в нем глубоко и тайно и он никогда не выносил его наружу. И теперь жалел, что проговорился. Грузины — гордый народ. Они не любят сочувствия и жалости. Предпочитают победу и превосходство. Можно понять.

Я иногда думаю: что лучше? Быть здоровым в тренировочном костюме или быть гением с трагедией в душе? Не знаю. И не узнаю никогда.

Лучше, конечно, быть здоровым и гениальным, но так не бывает. Гениальность — не норма. Норма — посредственность.

Сонечка заболела. Ее накрыла слабость, пропал аппетит.

Врачи гоняли ее от одного к другому. Никто не мог поставить диагноз да и не хотел вникать.

Однажды мы с мужем приехали к ним в гости. Я поразилась перемене. Сонечка похудела, почернела и стала похожа на старую ворону. Мои глаза вздрогнули от страха. Я поняла, что надо включаться. Сами они не справятся, ни Лева, ни Света. Они не знают: куда идти, к кому? Кому в нашей стране нужен простой человек, ничем не примечательный и без денег?

Я сосредоточилась. Медицинских связей у меня не было, но была подруга Надька, актриса. У Надьки муж — профессор медицины. И не просто профессор — звезда.

Надька жаждала славы, но у нее не получалось. Когда нет очевидного таланта, все зависит от случая. Я решила разбудить случай. Обратилась к Данелии:

— Возьми Надьку на роль жены.

Данелия, как правило, набирал актеров сам. И просунуть кого бы то ни было невозможно. Он был тугой, как ржавый замок.

— Беру, — мгновенно отозвался Гия.

Я удивилась и спросила:

— А почему ты так сразу согласился?

— Потому что мне нужна противная, а Надька противная.

и жизнь, и слезы, и любовь...

Надьке я причину объяснять не стала. Намекнула, что ее пригласили за выдающийся талант.

Профессору понадобилось две минуты, чтобы поставить Соне диагноз. Это был рак почки. Почему другие врачи не могли это обнаружить? Не хотели напрягаться?

В те времена рак — приговор. От больного скрывали суровый диагноз. Сказать — значит убить.

Профессор написал заключение, вложил в конверт и заклеил, провел языком по краешку.

Я взяла конверт.

Мы вышли из кабинета. Соня протянула руку:

— Дай...

Я попыталась отвертеться, но ничего не вышло. Это «дай» было железным. Соня взяла конверт. Открыла. Прочитала. Села на стул, стоящий в коридоре. Ноги не держали. Я стала гладить ее плечи, лицо. Целовала руки. Что-то бормотала, успокаивающее. Горячее сочувствие и нежность переполняли меня до краев и выплескивались на Соню.

Вернулись домой. Соня легла на кровать лицом к стене.

Я вывела Леву на лестничную площадку и сказала:

— У Сони рак.

— Нет! — отрезал Лева. Его глаза стали круглые и злые, как у бойцового петуха.

Что значило это «нет»? Он отталкивал от себя плохую новость, он не желал ее впускать внутрь. Что это? Трусость? Эгоизм? Страх?

В эти дни мы работали над сценарием. Я сейчас не помню, над каким именно. Я пришла в дом к Гие — мрачная, погасшая. Мне было жаль мою бедную Соню.

Я попыталась рассказать в двух словах о том горе, которое пришло в наш дом, но Гия не пожелал слушать. Он не знал мою свекровь, она его совершенно не интересовала. Главное для него — «его высочество фильм», и я не имела права предавать «высочество» и отвлекаться на чье-то здоровье.

Я была частью работы и частью самого Данелии. Как может часть отвлекаться от целого?

Был назначен день операции. Оперировал молодой армянин. Золотые руки. Операция прошла удачно. Метастазы не успели брызнуть за пределы больного органа. Удалили почку, а вместе с ней рак. Всё. Точка.

Соня быстро выздоровела. Появился аппетит. Проснулась жажда жизни.

День своей операции она стала отмечать как второй день рождения. Хеппи-энд. Счастливый конец.

и жизнь, и слезы, и любовь...

«Осенний марафон»

Сценарий Александра Володина. Сценарий был написан по пьесе Володина «Горестная жизнь плута».

В одном из интервью Данелия сказал: «Начиная свои фильмы, я никогда не знал, как снимать. Шел на ощупь. Действовал по принципу "Надо ввязаться, а там посмотрим" (цитата Ленина). И только "Осенний марафон" я знал, как снимать и о чем. Это история человека, который не мог сказать "нет"».

У героя была хорошая жена и хорошая любовница. А хороших людей очень трудно огорчать.

В этом сценарии я участвовала не как соавтор, а как прототип.

Главный герой — Бузыкин, его играл Басилашвили. Бузыкин, обаятельный, талантливый переводчик, мечется между женой и любимой девушкой Аллой, как загнанный зверь. Не может принять окончательное решение: туда или сюда.

Это состояние переживал и сам Володин, и Данелия, и еще девяносто процентов мужского населения страны. «Осенний марафон» — исключительно мужской фильм.

Между мной и моим прототипом Аллой — большая разница. Алла — машинистка, я —

писательница. Это не одно и то же, хотя обе печатают на машинке.

Алла мечтает о ребенке, а у меня он есть. Что же общего? Женатый мужчина, которого невозможно не любить. А любящие женщины похожи. Они одинаково смотрят, одинаково страдают, одинаково надеются.

На «Осеннем марафоне» Данелия претерпел несколько ударов судьбы, связанных с сыном. Не хочу распространяться, это не моя тайна. Скажу в общих чертах: бич XX века — наркотики.

Люба Соколова стала искать крайнего. И нашла. Во всем виновата оказалась я, которая отвлекала Гию от семьи. И виноват сам Гия, который отвлекся. Не устоял.

Гия согласился с этой версией. Почувствовал себя преступником и сдулся, как проколотый воздушный шар.

Наши отношения зашли в тупик, и продолжать их значило продолжать тупик.

Мы в очередной раз поссорились и в очередной раз расстались.

Пауза затянулась.

Я начала строить дачу и переехала за город, а Игорь остался в московской квартире. Он был урбанист и любил город. На природе ему было скучно.

и жизнь, и слезы, и любовь...

Я — человек действия. Я люблю быть занята, загружена выше крыши. А стройка — это именно загруженность плюс творчество. Строить дом — то же самое, что писать книгу. Сначала надо придумать сюжет (архитектурный проект). Потом написать (то есть построить). Потом отредактировать (отделка). И результат — мгновенный. Дом стоит.

Я увлеклась и отвлеклась.

Выяснять отношения с Гией — это толочь воду в ступе. Нужны поступки, а их нет и не будет, ни с его стороны, ни с моей.

Я не в состоянии разрушить свою семью: Игорь молча уйдет, сцепив челюсти, хлопнув дверью. Наташа взвоет, как сирена, а Соня и Лева обнимутся и заплачут. Не нужно мне такого счастья на чужих слезах. Пусть лучше я буду жертвой, но не палачом. Мне так легче.

Есть другая человеческая конструкция: слон в посудной лавке, например. Вошел, все разбил, а дальше что? Все разбил и остался среди обломков? Или: все разбил и ушел?

Я интуитивно выбрала то место, где мне лучше работается. Место, где стоит мой стол, где силовые линии моей души совпадают с помещением, где я — дома.

Мой дом — не премиум-класс. Но у меня есть стол, где работать. Диван, где спать, и солнце в окне. Мое личное солнце. Пропущенное через желтую занавеску, оно наполняет мое жилище мягким светом, как бокал с шампанским. И есть еще одно солнышко — дочка, осколочек огня.

От добра добра не ищут. Тем более что мне ничего другого не предлагается. Дай Бог удержать то, что есть.

А как же Данелия? Я ничем не интересовалась, но все знала.

Меричка умерла. Сын Коля женился. Данелия оказался свободен ото всех и всяческих обязательств.

Талант — это власть. Власть талантом самая долгосрочная, в отличие от политической. Всякая власть — эротична. Тот, кто впереди, — элитарный самец.

Многие женщины мечтали о Данелии. Одна из многих осуществила мечту. Данелия женился. Не на мне.

Мы в это время были в глубоком конфликте. Я ждала, что он проявится первый, как это было всегда. Но он женился. Я узнала об этом факте случайно. Мне позвонила поздно вечером моя редакторша и сообщила новость: в Доме кино справляли свадьбу.

Я посмотрела на часы. На часах было двенадцать без пяти.

Я понимала, что не засну, и не представляла себе: как я дальше буду жить? Никак. Я не буду жить.

и жизнь, и слезы, и любовь…

Где-то я читала такие строчки: «Только жаль своих чувств, которые я пустила погулять, а они вернулись с выбитыми зубами и кровоподтеками на лице».

Я бы добавила: «И с ножом в спине».

Я подошла к балконной двери. Дернула на себя.

Клеющая бумага с треском отошла. Стала видна вата, черная от городской пыли.

Я хотела выкинуться с балкона, но предварительно посмотрела вниз. Я жила на пятом этаже. Высота недостаточная. Можно просто переломаться. Сломать спину, например, и жить без спины. Превратиться в калеку. А калеки с собой не кончают, они цепляются за жизнь. Я ушла обратно в комнату и легла спать. Думала, что не засну, но заснула без сновидений как убитая.

Утром меня разбудила дочка. Она вошла и спросила:

— Ты умеешь танцевать «веревочку»?

— Умею.

— Покажи.

— Потом, — попросила я.

— Нет, сейчас.

Я вылезла из-под одеяла и заскакала веревочкой, когда продвигаешься не вперед, а назад. Пятишься. Я пятилась, подскакивая, и вдруг поняла, что момент упущен. Я больше не хочу умереть. Я буду жить.

«Мосфильм» построил кооперативный дом. Мне досталась четырехкомнатная квартира. Район — зеленый. За домом протекает река Сетунь с утками.

Я с удивлением наблюдала: самцы яркие, с нарядной зеленой головой, а самочки скромные, рябенькие. У людей наоборот: самки красятся в боевой окрас, а самцы — все примерно одинаковые. Сейчас в моде лысые.

Природа прикрывает волосами все, что считает нужным прикрыть. Голову, например. Когда я вижу голый череп, мне кажется это зрелище неприличным, как человек без трусов. Зато гологоловые каждое утро моют не только лицо, но и голову. Череп пахнет мылом, а грязные волосы — старыми сухарями. Мыло лучше.

Рядом с моей квартирой поселилась монтажница Мария с красивыми ногами, милым характером, но — пьющая.

Мария пила не постоянно, случались длинные трезвые промежутки. Промежутки заканчивались. Я об этом узнавала по ночным звонкам в дверь. Мария звонила в четыре утра, иногда в пять. Она не просто звонила, как все нормальные люди. Ее звонок был беспрерывный. Она забывала на звонке палец, и трезвон не прекращался. Этот звук выдирал меня из сна как за волосы. Я закипала от злобы, шла к двери, готовая к решительному отпору. Но никакого отпора не получалось. Я открывала дверь и тут же отлетала в сторону. Мария отпихивала меня, врывалась в дом, открывала бар. Она знала, где стоят мои спиртные запасы.

Последнее время я приспособилась не открывать, а вести переговоры через запертую дверь.

— Открой! — взывала Мария.

— Ты знаешь, сколько времени? — вопрошала я.

— Открой! У Данелии сына убили. Открой!

Позднее я узнала, что Колю никто не убивал, его гибель называлась «передоз».

Я открыла дверь и смотрела на Марию:

— Это правда?

— Завтра отпевают в соседней церкви. У тебя есть?

Я вынесла бутылку.

— Дай двадцать пять рублей, — дополнительно попросила Мария.

Я вынесла деньги.

Мария ушла. У нее были запасы на ближайшие сутки.

Я закрыла дверь. Меня качнуло к стене. Повело. Мне стало жутко от мысли: что должны чувствовать Люба и Гия? И возможно ли такое пережить, и как с этим жить дальше?

На другой день мне позвонила поэт Римма Казакова и спросила:

— Ты знаешь, что Данелия женился?

— Неужели ты думаешь, что ты знаешь, а я нет? — Я бросила трубку.

Следующий звонок был от некой Аньки, жены высокого чиновника. Гия часто бывал в их доме, играл в преферанс. Иногда он брал меня с собой, поскольку в моем присутствии он становился гениальным и выигрывал. Анькиного мужа я плохо помню. Он был никакой. Для меня, во всяком случае.

Аньку я запомнила хорошо. Сильно немолодая еврейка, старше своего мужа лет на пятнадцать. Ей нравился Данелия, и потому ей не нравилась я. Она предлагала мне мерить свои шубы в надежде, что я умру от зависти. Но я не умирала. И даже не расстраивалась. Что мне шубы, когда у меня есть взаимная любовь? Разве это не главное богатство?

Анька позвонила и спросила:

— Ты знаешь про Колю?

— Знаю.

— Его завтра отпевают. Знаешь?

— Знаю.

— Ты должна пойти.

— Зачем?

— Гия должен тебя увидеть.

— Мы разошлись, — напомнила я. — Он женился.

— Это не важно. Он должен видеть, что ты соболезнуешь. Если хочешь, я буду стоять возле тебя.

и жизнь, и слезы, и любовь...

Я представила себе Любу у гроба сына. Ее сокровище в гробу. И тут еще я, которая испортила ей годы жизни.

— Я не пойду, — сказала я. — Пусть Люба спокойно похоронит сына.

— Ну как хочешь, — обиженно проговорила Анька.

Анька — вампир, клоп, который напитывается чужой кровью. Ей интересно, когда вокруг драматургия. Все равно какая. Анька — плохой человек. Но сейчас не о ней. Мало ли плохих людей...

Коля ушел в двадцать пять лет. Он пришел случайно, мог не родиться. И ушел случайно. Мог не умереть.

Перестройка. Горбачев разрушил социализм с человеческим лицом. Появился капитализм с нечеловеческим лицом.

Горбачев — молодой, в сравнении с остальными седыми патриархами. На лысине — клякса с брызгами. Простоватый, многословный.

Я однажды специально села перед телевизором, чтобы послушать речь Горбачева. Послушала, сделала вывод: шестьдесят процентов лишнего текста. Как специалист, работающий со словом, я не люблю лишнего текста. Это брак.

Ельцин, который пришел следом, говорил коротко и ясно. Слишком коротко и слишком ясно. Как дикарь.

Лучше других говорил Гайдар. У него прозвучало слово «отнюдь» — это свидетельство интеллигентности.

Раису Горбачеву не любили. Прежние лидеры прятали своих жен. Понятия «первая леди» не существовало. Жена Хрущева — милая, скромная, пожилая. В обществе Жаклин Кеннеди чувствовала себя неуютно. Контраст был оскорбителен.

Жена Брежнева вообще не вылезала на обозрение. А Горбачев высунул свою Раису на крупный план, буквально впереди себя, и всех остальных женщин страны это раздражало.

Все изменилось, когда Раиса Максимовна заболела и стала умирать. Ей все простили. Сочувствие размягчило души. Сочувствие благороднее, чем зависть.

Начало перестройки было пугающим. По поселку бродила молочница Зина, стучала к Рязанову. У нее пропал сын, концов не найти. Зина просила Рязанова, чтобы он помог. А как? Пропал человек среди бела дня. Никому нет дела. Раньше такого не было. А теперь есть.

Вся страна уселась перед телевизором. Слушали правду о своей жизни. Это узнавание было захватывающе.

Начало лета. Молодая зелень. На улицах радостные лица. Стадо рабов превратилось в народ. Народ сбивается в митинги. Надежда пузырится в груди, как шампанское. То ли еще будет...

Пресса ожила. Читать стало интереснее, чем жить.

В магазинах пусто, но не хлебом единым жив человек.

Горбачев разрушил Берлинскую стену. Запад воспрянул. Холодная война проиграна. «Империя зла» ослабла и осела, можно больше не бояться.

Возник большой интерес к русской культуре, в том числе к писателям. Меня пригласили в Германию, в город Саарбрюкен. Там проходил фестиваль «Европа читает».

Меня переводила славистка Ангелика Шнайдер. Она говорила по-русски с еле заметным акцентом, как прибалтка.

Голубые глаза, золотые волосы, крупные зубы, отвратительный характер. Феминистка.

Феминистки на Западе с утра до вечера отстаивают свои права. А это противно, когда человек что-то отстаивает для себя лично. Если он отстаивает для себя, значит, выдирает у другого.

В Саарбрюкене я впервые увидела публичный дом и проституток. Они торчали в окнах, подложив под грудь подушку. Деревенские девахи, толстые и некрасивые. Единственная худая дежурила на улице в боа из перьев. Абсолютная Кабирия.

Сладкая жизнь разочаровала меня. Но зато магазины ошеломили. Из страны тотального дефицита я попала в сокровища Али-Бабы. Чего там только не было. Все можно померить и купить. Но Ангелика объявила, что она ненавидит магазины, поэтому будет ждать меня внизу у входа.

Немецкого языка я не знаю. Объяснить ничего не могу. Продавцы пожимают плечами. У меня рвутся мозги от напряжения. А моя переводчица стоит у входа и жрет немецкую сосиску — большую и румяную. Хочется плюнуть ей в рожу. Но здесь не принято плевать в рожу, тем более феминисткам.

Приходится идти в очередной собор. Для меня все соборы одинаковы: высокие своды, витражи с синими и красными стеклами, сквозняки.

Ангелика работает в ратуши. Это что-то вроде нашего исполкома.

Ратуша делает прием для приезжих писателей. Ангелика на приеме последний раз. Ее увольняют за независимый характер, который никому там не нужен. Нужна дисциплина, как в армии.

Для Ангелики увольнение — стресс, она перейдет на пособие по безработице. С голоду не помрешь, но и только. Существование впроголодь. Желудок прилипает к спине.

Я вернулась домой с подарками. Игорю — вельветовые брюки, дочке — джинсы. Джинсы оказались малы. Дочка стала мерить, удалось натянуть до колен. Дальше — стоп. Я покупала на глаз. И ошиблась. Моя девочка беспомощно смотрела на себя в зеркало, потом повернула ко мне несчастное личико и проговорила:

— Какая же ты сволочь, мама...

Мне стало стыдно. Действительно, кто покупает на глаз?

Себе я привезла юбку, которая могла быть выходной, повседневной и в гроб. Бывают такие универсальные вещи.

Ангелика не исчезла из моей жизни. Через полгода она появилась в России. Сопровождала немецкую группу туристов.

Я пригласила ее в гости. Она приехала. И надо же, в этот короткий ее визит позвонили сотрудники издательства «Диогенес».

«Диогенес» — самое крупное немецкоязычное издательство в Швейцарии. Женский голос мне что-то журчал в телефоне. Хотя немецкий не журчит, а рубит. Я сказала: «Айн момент...» — и передала трубку Ангелике.

Ангелика мастерски провела переговоры и пригласила сотрудников «Диогенеса» ко мне домой. Встреча была назначена на утро следующего дня.

Я уговорила Ангелику остаться ночевать. Она согласилась.

Утром явились четыре красавицы и заключили со мной договор. Напрямую, без участия ВААП (агентство по авторским правам).

Оказывается, хозяин «Диогенеса» по имени Даниель Кель давно за мной охотился. Однажды он прочитал мою повесть «Старая собака», и эта повесть легла на его душу и на его настроение. Он захотел приобрести Токареву, но московское агентство (ВААП) уже продало меня в ГДР. Агентство забирало себе восемьдесят процентов от гонорара. Автору оставалось двадцать процентов. Таких расценок не существует. Как правило, агенты забирают пятнадцать процентов, но никак не восемьдесят. ВААП — самая настоящая коррупция, а писатели — самые настоящие лохи. «А без лоха́ — жизнь плоха» (поговорка девяностых годов).

Перестройка открыла лазейку, через которую мы, писатели, могли заключить договор напрямую с издателем.

Я побаивалась, что ВААП возьмет меня за шкирку. С нашей страной не забалуешь. Но страна развалилась. Прозвучала негласная команда: «Спасайся кто может, каждый за себя».

«Диогенес» приобрел мои мировые права. Мои книги стали переводить во всех странах, включая Китай.

Однажды в моем доме раздался звонок, и мужской голос сказал: «Это звонит васа китайская перевосиса Андрей».

Швейцария — луч света в темном царстве моей жизни: поездки в Цюрих, отель «Европа» на площади Опера, лифт с бархатными стенками, как шкатулка, кремовые розы в вазах, настолько совершенные и прекрасные, что их можно принять за искусственные, но они настоящие и свежие.

Анна — жена издателя — присылает мне в номер цветы. Посыльный приносит непонятно что. Кажется, что он держит перед собой перину, обхватив двумя руками. А это цветы с острова Куба. Стебли выше человека.

Милая, милая Анна. Ангелика рыдает от ревности. Она хотела быть моей главной подругой, но у Анны больше козырей в колоде. Анна — доброжелательная, красивая, богатая и ни за что не борется. У нее все есть. Все-таки богатство — полезно человеку, а бедность уродует характер.

При помощи Ангелики я заключила договор напрямую с «Диогенесом». Ангелика вела себя дружественно, и это возымело свой результат.

Прекрасные редакторши пригласили Ангелику на работу в «Диогенес». Ей был предложен сказочный гонорар. Из безработной немки, живущей на пособие, она превратилась в гражданку Швейцарии. Поселилась в красивом доме на улице с красивым названием Элеонорштрассе. У нее прекрасная квартира, интересная работа. Она наконец-то стала работать по специальности. Вела отдел славистики. Жизнь ее наполнилась смыслом и благосостоянием. А все потому, что она оказалась в нужное время в нужном месте.

Для меня эта встреча тоже окончилась, как для Буратино. Мне попал в руки золотой ключик, и я открыла маленькую железную дверь в каморке у папы Карло. А за дверью издательство, издающее красивые книги с лакированными обложками, блестящими, как леденец.

Дани Кель организовывал мне встречи по-царски: журналисты, фотосессии, шампанское, гости. Я не могла в это поверить.

Удача объединила меня и Ангелику. Мы подружились. Она вызывала у меня интерес и отвращение одновременно. Ее ни о чем нельзя было попросить. Сразу получишь «нет!». А почему «нет»? На всякий случай. Чтобы жизнь не казалась медом.

и жизнь, и слезы, и любовь…

«Диогенес» заплатил мне внушительный гонорар. Сегодня — это немного. Но тогда, в девяностые годы, — много. Как звезд на небе.

Я купила кусок земли в поселке «Советский писатель» и стала строить дом. Не женское это дело — строить дом.

Задача рабочих — схалтурить и украсть. В моем случае ни схалтурить, ни украсть не получалось. Я нависала над рабочими, как зоркий сокол, и видела все. Я проверяла глубину траншеи, марку бетона. Они меня боялись и ненавидели. Прораб нервничал, но в результате дом был построен и стоял крепко, как у поросенка Наф-Нафа, который оказался всех умней.

Я переехала жить на дачу. И сейчас не представляю себе, как можно жить в Москве. Как можно жить в домах-сотах с блочными стенами, которые не дышат.

У меня за окном белка перепрыгивает с дерева на дерево, парит на хвосте.

Я иногда тоже парю во сне, оттолкнусь и упруго взлетаю. Невероятное чувство.

У меня родился внук. Назвали Петром, в честь дедушки. Считается, что имя можно передать только после смерти предка, а наш дедушка был жив и здоров и не стар. Шестьдесят лет.

Дедушка Петя был красив, талантлив, играл на гитаре и пел. Голос — так себе, но не это главное. Главное — музыкальность, а музыкальности хоть отбавляй.

Я запомнила его пальцы на струнах гитары — сильные, крупные, мужские. На свадьбе сына он играл пять часов подряд. Любил сына и отрабатывал.

Внук Петруша родился в свой срок. Его вынесли в толстом одеяле с ваткой в носу. Вид у него был горестный. Глаза на пол-лица, как у лемура. Меня опалила жалость к этому ростку. Я не представляла себе, что есть такое всеобъемлющее чувство. Оно вытеснило из меня все остальные настроения.

Приехала из Ленинграда моя мама. Она охотно нянчилась с правнуком. Однажды сказала: «Рядом с ним не думаешь о смерти». Это правда. Рядом с ним чувствуешь напор счастья и больше ничего.

Я сочинила ему песенку: «Мальчик-побегайчик скушал вертолет. Вот какая музыка, все наоборот».

Какой-то дурак сказал, что ребенка надо кормить по часам, и только по часам. Это режим.

Существовало другое мнение: ребенка надо кормить в любое время, если он хочет есть. Моя дорогая дочка, сама еще ребенок (ей не было двадцати лет), послушалась первого дурака. Петруша просыпался в начале ночи, хотел есть и таращил глаза от голода. Моя дочка смотрела на часы: не время. Она ждала утра и не спала вместе с сыном.

В результате — бессонные ночи, озноб от переутомления. Любовь, конечно, обволакивала, но и силы на исходе.

Моя дочка стала скидывать мне своего сыночка в восемь утра, а сама уходила спать в свое логово. Я принимала Петрушика, какое-то время играла с ним, а потом обкладывала его со всех сторон подушками и садилась за письменный стол.

Я работала за столом, Петруша пребывал в подушках для безопасности. В один прекрасный день он скатился с кровати, грохнулся на спину, проехал вперед и закатился под диван. Диван стоял на высоких ножках. Петруша благополучно туда въехал, остановился и только после этого заорал. До этого он молчал, не понимал — что с ним происходит.

Я выскочила из-за стола, выгребла ребенка из-под дивана. Он вытолкнул из себя первый крик — и зашелся. Замер с открытым ртом. Личико посинело. Он так испугался, что не мог вдохнуть.

Я стала целовать его в мордочку, в раззявленный ротик, утешать, приговаривать. А он все не мог вдохнуть.

Дочка спала без задних ног.

Вбежал зять, молодой папаша, слегка за двадцать. Он строго и подозрительно зыркнул на меня, понял: произошло что-то внештатное. Но ничего особенного не случилось. Полет с кровати под диван обошелся без осложнений. В ребенке ничего не нарушилось. Отделался страхом. Зашелся. Потом все-таки вдохнул и выдал порцию такого рева, что соседи застучали в батарею.

Эта его мордочка с распятым ртом так и осталась в моей памяти.

А однажды мы оставили шестимесячного Петрушу на мою маму, а сами ушли в гости.

Мама не могла сидеть без дела и принялась фаршировать рыбу. Моя мама — русская, но рыбу фарширует лучше, чем евреи, которые когда-то ее научили этой премудрости.

Евреи фаршируют щуку, а мама — карпа. Карп не такой сухой и костистый.

Мы вернулись домой. Я взяла Петрушу на руки. Он рыгнул и обдал меня запахом перца.

Я все поняла и пришла в ужас. Грудного ребенка накормили взрослой едой. Что теперь будет?

Я вышла на кухню, как Медуза горгона. Мои волосы стояли дыбом от злости и страха.

— Ты хочешь его убить? — спросила я. — Ты хочешь, чтобы он умер?

и жизнь, и слезы, и любовь...

Моя артистичная мать сделала наивные глаза. Она это умела.

— Зачем ты накормила его перченой рыбой? — наступала я.

— Я не кормила. Он сам у меня отнял. Я положила в тарелочку попробовать, а он вырвал у меня из руки.

Я посмотрела на Петра. Он был веселый. Вонял фаршированной рыбой.

Я подумала: наверное, ему обрыдла пресная еда, типа молока и каши. А сейчас организм удовлетворен и ликует.

Я с восторгом глядела на его мордочку. Любовь бабушки к внуку — это базовая ценность человека, которая питает его всю жизнь. И защищает, как ни странно.

А однажды (он уже ходил) Петруша гулял на улице со своей нянькой. Он увидел меня и рванулся в мою сторону — и тут же поскользнулся и упал. Он разбил себе губы о мерзлую землю. Его гнала любовь ко мне, и он не рассчитал силы. Он еще не умел бегать по скользкой поверхности, не умел тормозить, не умел быть осторожным.

Петруша заплакал. Я подбежала к нему, подняла на руки. Его рот был окровавлен, зубки розовые от крови. Я не выдержала этого зрелища и заплакала сама.

Сейчас Петруша уже большой. У него не хватает на меня времени, но это не имеет значения. Мое восприятие — как матрешка. Сверху большой, внутри поменьше, а там, в глубине, — маленький мальчик, который бежит ко мне в красном комбинезончике с вытянутыми руками. И не падает. Почему? Потому что я успеваю подхватить его раньше, чем он упал. И так будет всегда. Беги, мой мальчик-побегайчик, и ничего не бойся.

Соня слегла и стала умирать.

Умирала долго. Бедная Светочка уставала до изнеможения. Попросила меня позвать врача.

Я договорилась с опытным психологом. Пришел еврей в возрасте. Увидел перед собой старую женщину (семьдесят семь лет). После операции Сонечка прожила еще семнадцать лет и умирала от другой болезни.

Психолог разговаривал с Соней громко, как с глухой и слабоумной. Мне это не нравилось. Соня не глухая и в своем уме. Она говорила тихо и вразумительно, как всегда.

— Доктор, моя дочь очень устает. Она работает восемь часов в день, у нее большая ответственность. Вы ведь знаете, деньги платят не за красивые глаза…

— Ну понятно, — снисходительно соглашается психолог.

— Вечером моя дочка возвращается домой, а тут — я, еще одна нагрузка. Получается, она выполняет двойную работу. Мне очень тяжело это видеть. Мне не хочется быть обузой.

— Ну понятно, — соглашается психолог.

— Вы не могли бы мне помочь?

— Как?

— Ну, сделать так, чтобы я не жила…

Психолог решил, что старуха поехала мозгами. Обычное дело. Но я-то видела, что Соня никуда не поехала. Она любит Светочку больше, чем себя, и ей невыносимо быть обузой.

— То есть вы хотите умереть? — уточнил психолог.

— Да, — прямо ответила Соня.

Лева и Света стояли в дверях и тихо плакали. Я впервые видела плачущего Леву, и моя душа рвалась на части. Как бы я хотела помочь! Но что я могла сделать? Только плакать вместе с ними.

— Может быть, есть смысл стать здоровой? — спросил психолог.

— Как это? — не поняла Соня.

— Ну, выздороветь. Хорошо себя чувствовать.

— А это возможно?

— Почему бы и нет…

— Доктор, вы можете сделать из меня человека?

Соня подняла на врача свои глаза, в которых засветилась надежда. Она страстно хотела жить, как все безнадежно больные.

Соня умерла. Ей дали место на Митинском кладбище. Это все равно что получить квартиру в хрущевке. После кремации мы приехали на Митинское кладбище. Меня поразили длинные ряды свежих могил. На цементных памятниках стояли даты рождения и смерти. Промежуток — двадцать пять лет. Это были пожарные Чернобыля. Волосы шевелятся, когда смотришь на эти ранние могилы. Целое подразделение. Я поняла: заболевших ребят отправляли в Москву в онкологический центр, а из центра на кладбище.

Могила Сони оказалась наполовину заполнена водой. Весна. Грунтовые воды. Лева держал в руках керамическую урну с прахом жены.

— Я ее сюда не положу, — проговорил Лева.

Последовало молчаливое согласие. Понятно, что Соне все равно. Какая ей разница, где будет находиться урна с пеплом? Но все наше нутро протестовало против этой равнодушной, циничной реальности.

Я отправилась в Союз писателей и попросила место на хорошем кладбище. Кладбища не бывают хорошие и плохие. Это просто погост. И тем не менее…

Мне выделили участок на Ваганьковском кладбище. Престижное место. Там покоятся Владимир Высоцкий, тележурналист Влад Листьев. Поблизости — братья Квантришвили, авторитетные бандиты. Над ними памятник: ангел в человеческий рост.

Таково состояние общества. Деньги делают все.

Наш участок — в некотором отдалении, возле кирпичной стены, за которой шумит город. Рядом с могилой Сони покоится какой-то тридцатисемилетний красавец. В его памятник вделана большая фотография. Он стоит скрестив руки, как Наполеон, и смотрит насмешливо.

Перед тем как похоронить урну, мы зашли в кладбищенскую церковь. Я наклонилась, чтобы поставить свечу, и моя кофточка внезапно загорелась на спине. Игорь сбил огонь руками.

Никто не придал этому особого значения, кроме меня. Я догадалась, это привет от Сони. Соня не простила мне те страдания, которые выпали на долю ее любимого сына. И я ее понимала. Не все можно простить.

Надвигалось лето. Я собралась ехать в Дом творчества. Для чего? Для творчества. Лето было моим промысловым периодом. Летом у меня хорошо крутятся мозги.

Светлана оставалась в Москве. Ей некуда было поехать и не с кем.

Я решила взять ее с собой в свой двухместный номер.

— А она тебе не помешает? — спросил Игорь.

— Помешает, — сказала я.

— Зачем же ты ее берешь?

— Если не я, то никто.

И это правда. Света не могла ездить в обычные дома отдыха. Она плохо сходилась с людьми и была обречена на одиночество. А в Домах творчества, как правило, интересные люди, запоминающиеся беседы. Все это украшает жизнь.

Светлана мне не мешала. Когда я садилась работать, она шла гулять.

Я заканчивала свою дневную норму и присоединялась к Свете. Мы шли на длинные прогулки. Я запомнила долгую дорогу, в конце которой было гороховое поле. А за полем церковь — белая, узкая, с высокой колокольней. Вставал образ старой Руси: просторы, церквушка, небо. Много неба.

По окончании срока я возвращалась в Москву просветленная, с новой повестью и отдохнувшей Светланой. Двойной урожай.

Я пристроила к даче пятьдесят метров — две дополнительные комнаты. Стала приглашать Свету на лето. Она каждое лето приезжала ко мне на дачу. Выглядела всегда примерно одинаково: худая, короткая стрижка, незапоминающаяся одежда. Было видно полное равнодушие к себе как к женщине. При этом взгляд умный, голос красивый, низкий и тоже умный. Скромность и достоинство исходили от нее, как аромат от цветка, и общее впечатление — приятное.

Света была похожа на Леву, но Соня в ней проступала, и я получала одновременно и Соню, и Свету, и для меня это было важно.

Однажды я заметила: Светочка приехала другая. Волосы отросли, как у батьки Махно. Общий вид — запущенный. Что-то явно изменилось в худшую сторону. Светочка подошла ко мне и спросила:

— Ты перестроила дачу?

— Нет. Просто добавила две комнаты.

— А выход где?

— Там же, где и был.

Я удивилась, но не придала значения.

На другой день Света упала посреди участка. Она не споткнулась, не было никаких причин падать, просто сместился центр тяжести.

Света лежала на траве.

Игорь метнулся к ней и стал поднимать. Это было непросто. Они барахтались, как тонущие люди. Игорь напрягал все свои малые силы. В моих глазах он не менялся, но объективно — уже старик.

Когда-то в детстве Света страстно любила своего брата и, завидев, бежала к нему с криком «Братик!». И вот сейчас старый братик пытался поставить ее вертикально плоскости земли, и это было так тяжело… Я боялась, что у Игоря треснет какой-нибудь сосуд. Я подбежала, помогла. Нам удалось, но стало неспокойно. Света могла упасть еще раз. Так и случилось.

Это было начало болезни. Такая же болезнь посетила американского президента Рейгана. Она называлась Альцгеймер, по имени ученого, ее открывшего.

Через какое-то время Света слегла. Перестала ездить на дачу. Лежала в своей московской квартире.

Игорь был старше Светочки на десять лет. Он уже не водил машину и не в состоянии был навещать сестру. Он навещал ее только по телефону. Звонил каждый день в одно и то же время: в двенадцать часов дня.

— Привет, — говорил Игорь.

— Привет, — отзывалась Света.

— Ну как ты?

— Тупо.

— А так вообще ничего?

— Нормально.

— Ну ладно.

Пауза.

— Ну пока…

— Пока.

Отбой. Короткие гудки.

и жизнь, и слезы, и любовь...

Со временем разговор стал короче.
— Привет.
— Привет.
— Это я.
— Понятно.
— Ну пока.
— Пока.

Разговор занимал две минуты, но он был обязателен. Каждый день в двенадцать часов Игорь устремлялся к телефону, и не дай Бог, если телефон оказывался занят мною. У меня могли быть важные переговоры, — не имело значения. Все шло под нож. Братик должен звонить сестре.

Я говорила:

— Позвони через полчаса...

— Нет! Ни в коем случае! Света ждет.

Я его понимала. Бедный Игорь не мог вылечить сестру. Эта болезнь вообще не лечится. И если даже президент Америки умер, то что говорить о простом инженере?

Игорь ничего не мог для Светы сделать, только позвонить ровно в двенадцать. И у Светы не было в жизни никакого проблеска, только звонок брата ровно в двенадцать. Этот звонок как сигнал космонавту, заблудившемуся в космосе: «Я — Земля». Светочка именно заблудилась в космосе. Она не понимала: где, что, зачем? Могла включить газ и забыть. Все зыбко, непонятно. И только телефонный звонок ровно в двенадцать держал ее на плаву.

Однажды звонок не прозвучал. Света поняла: Игоря нет. Иначе бы он позвонил обязательно. Раз не позвонил — его нет нигде.

Игорь сломал шейку бедра.

Операция прошла успешно. Он сразу начал ходить, но ходил недолго. Рак, дремавший в нем, проснулся и пошел как танк. Боли не было. Но была слабость, которая буквально прижала его к кровати.

Он умирал и понимал, что умирает. И ему хотелось уйти поскорее. Зачем тянуть то, что не тянется?

Петруша приезжал на дачу часто. Он любил деда гораздо больше, чем меня. Почему? Потому что я была сильная. Я — несущая колонна. Игорь был хоть и гордый, но зависимый, и его было жалко. А жалость — это составляющая часть любви. Часто главная составляющая.

Он спросил однажды:

— Когда мы поедем домой?

Я не поняла: куда домой? К Богу? Или в Москву, в нашу московскую квартиру?

Он ждал ответ.

— Ну вот снег сойдет, и мы поедем домой, — ответила я.

За окном качался заснеженный куст.

и жизнь, и слезы, и любовь...

— Красиво, — сказал Игорь.

Видимо, ему не хотелось расставаться с этим кустом.

В один из дней Петруша приехал и, не раздеваясь, шумно топая, прошел в комнату к деду. Он торопился, хотел быстрее увидеть любимого родственника. Подошел, склонился к нему. Игорь поднял на Петрушу глаза, и они стали наполняться слезами. А Петруша смотрел сверху, и его глаза тоже стали наполняться слезами. Это было прощание. Я никогда не видела Игоря плачущим. И взрослого Петрушу тоже не видела плачущим.

Двое сдержанных мужчин — старый и молодой — плакали, прощаясь.

Эта картина впечаталась в мое сердце и осталась навсегда. Жизнь — трагедия, если она кончается смертью, и иначе быть не может.

Приезжала Наташа, привозила очередного врача.

— Может, папу в больницу положить? Что же он так умирает на сухую?

— Не надо ни в какую больницу, — говорили врачи. — Дома лучше. Там он никому не нужен, а здесь он нужен всем.

— Но невозможно же допустить, чтобы человек взял и умер.

— Израсходован жизненный ресурс, — объяснял врач. — Надо оставить его в покое.

Жизнь — как месячная зарплата. Месяц прошел, деньги кончились. А новую жизнь не проживешь.

Я приходила к нему. Садилась возле двери. Сидела молча.

Однажды он сказал:

— Ты понятия не имеешь о моей жизни.

Что он имел в виду? Женщину? Но где она? Умирает-то он здесь. Со мной.

— Наш брак заключен на небесах, и разрушить его могли небеса. А мы только люди.

— Небеса — это когда любовь, — сказал Игорь.

— Любовь бывает всякая. И такая, как у нас, с кривой рожей, — она тоже любовь.

— Ты считаешь?

— Да, я считаю.

Игорь закрыл глаза. Его лицо было спокойно. Он заснул.

Вечером в очередной раз приехал Петруша. Я стала его кормить. Он вдохновенно жевал, склоняя голову то к одному плечу, то к другому. Так ест его отец. Наследственность.

— Я пойду к дедушке, — сказал Петруша.

— Он, наверное, спит, — предупредила я.

Мы вышли во двор. Высоко в небе летел самолет, мигая огнями. Петя решил не ждать, когда дед проснется. Это может быть несколько часов. Легче приехать снова. Мы направились к воротам.

Неожиданно я остановилась и сказала:

— Нет. Все-таки давай зайдем.

Мы вошли в его комнату. Непривычно тихо. Не слышно дыхания. Грудь не движется.

Я подошла тихо. Заглянула в лицо. Оно было молодым и прекрасным. И совершенно спокойным. Он ни о чем не жалел, ни на кого не обижался.

Существует мнение, что лицо человека Бог составляет из двух половин. Линия раздела видна на кончике носа. Проходит тонкая граница, еле заметная, как ниточка. А под носом — явная дорожка, углубление. Ямочка на подбородке — тоже линия раздела. Лицо человека часто бывает асимметричным: один глаз чуть ниже другого. Правый угол рта ниже левого. А лицо мертвого человека становится абсолютно симметричным. Это красиво.

Игорь лежал молодой и прекрасный, как в начале нашей жизни, когда мы спали с ним, взявшись за руки.

Я громко крикнула:

— Зина!

Вбежала сиделка.

— Он умер…

Зина подскочила, проверила пульс под ухом. Пульс не прослушивался.

Она выдернула подушку из-под головы Игоря, метнула на пол.

— Звони 02 и 03, — велела Зина.

У Зины был опыт такой работы. Она знала, что надо делать.

Я позвонила. Сказала по телефону адрес.

Потом села на стул и стала лаять. Это был не плач. Что-то другое. Из меня толчками вылетал ужас непоправимого.

Я сидела на стуле и лаяла.

Подошел Петруша и обхватил меня двумя руками. Прижал. Он не плакал, но его глаза вытаращились от напряжения.

Приехали медсестра и полицейский. Медсестра — крашеная блондинка лет пятидесяти. Простоватая, но приятная.

— Рак? — спросила она.

Я кивнула.

— Чем обезболивали?

— Афобазол и кетонал.

— Этим не обезболишь. Значит, опухоль не касалась нервных узлов. Ему повезло, и вам тоже.

Сестра стала что-то записывать.

Приехали дочь и внучка. Они были парализованы случившимся. Молчали растерянно.

Полицейский привез с собой молодого мужика из ритуального агентства. Этот мужик тут же начал предлагать свои услуги. Достал каталог. Можно было выбрать гроб, погребальную одежду.

Гробы имелись дорогие и дешевые. Мы выбрали дорогой: дубовый, лакированный. От погребальной одежды отказались.

Наташа на другой день поехала в ЦУМ. Выбрала итальянский бутик и купила в нем самую лучшую, самую дорогую одежду.

Я спросила:

— Зачем? Все равно сгорит.

— Это мое уважение к его жизни...

На другой день явился ритуальщик за одеждой. Он был жизнерадостный, открытый, немножко дураковатый.

— Я сказал начальнице вашу фамилию, а начальница: «Ой, ой, смотри, чтобы все было как следует, первым классом. Это такие люди...» А я смотрю: ничего особенного, люди как люди. Стоят молчат...

— А что мы, по-твоему, должны делать?

— Ну, я не знаю. Обычно плачут, шумят.

Ритуальщик назвал общую сумму похорон. Немало. А как, интересно, хоронят те, у кого нет таких денег?

Кремация проходила в ближнем крематории. В порядке живой очереди.

Ждать пришлось недолго. Нас пригласили в зал прощания.

Зина плакала.

Мы стояли возле гроба — одинокие и осиротевшие. Куда он ушел? Как ему там?

Игорь каким-то образом изменился за ночь и стал неузнаваем. Он — и не он.

Это обстоятельство делало прощание не таким трагичным. Мы хоронили кого-то очень похожего, но не своего.

Друзей на похоронах не было. Почти все умерли. Смена поколений. А те, кто жив, постарели и не хотели шевелиться.

В таких случаях похоронная фирма предоставляет экскурсовода на тот свет. Как правило, это женщина. Она говорит какие-то слова — всем одни и те же. Не придумывать же каждому. Потом дает команду, и гроб опускается в адский жар, в преисподнюю.

Наше время кончилось. Ко мне подошел привратник — тот, что стоит при вратах, точнее, при дверях в ритуальный зал. Это был седой крепкий старик, скорее всего военный в отставке.

— Как достойно вы проводили своего усопшего, — проговорил он. — Приятно было смотреть.

— А что, бывает по-другому? — спросила я.

— О! Вы себе не представляете, что творится. Воют, падают на гроб, страшно становится, что провалятся вместе с гробом, сгорят заживо.

и жизнь, и слезы, и любовь...

— Похороны — это театр, — сказала я. — Вдова должна показать всем свое горе. Особенно это принято в деревнях.

— Вот именно, что театр.

В зал завезли новый гроб с новым главным героем.

Мы вышли на улицу.

Похоронный автобус ждал нас, чтобы отвезти в ресторан. Эта услуга была предусмотрена.

Поразительно, как горе не отшибает аппетит. Наоборот. Просыпается жажда жизни.

Официанты поставили еду и спиртное. Мы наполнили рюмки.

— Мне будет тебя не хватать. Уже не хватает, — проговорил Петя.

— У нас была хорошая семья, несмотря ни на что, — сказала дочь.

Я вдруг поняла, у нас была хорошая семья благодаря Игорю. Семья — это не успехи в работе, не слава и не деньги. Семья — это гены. Общая кровь.

После основных тостов слово взяла захмелевшая Зина. Она стала рассказывать, как ее свояк Леха воровал что-то у себя на заводе и перебрасывал через забор. А подельники стояли с другой стороны забора и подбирали.

Зина глядела на Петрушу, и ему ничего не оставалось, как слушать. Он слушал, вытаращив и без того большие глаза, а Зина не замолкала, и эта сага не имела конца.

— А почему нормально не вынести? — спросила я.

— Что не вынести?

— То, что Леха воровал. Зачем через забор кидать?

— Так в проходной же обыскивают, — удивилась Зина.

Она смотрела на меня как на слабоумную. Разве можно не понимать такие простые вещи, а еще писатель.

Зина, конечно, жалела Игоря, к которому она привыкла и на котором хорошо заработала и даже сумела закрыть кредит в банке, но у нее была своя родня, своя жизнь и свой Леха.

Без мужа я оказалась в невесомости, как в космическом корабле. В корабле, который никогда не вернется на землю и не обретет притяжения.

Оказывается, Игорь и был моим притяжением. Я этого не понимала.

Позвонил Данелия. Я сразу узнала его голос. Голос не меняется.

— Ты придешь плюнуть на мою могилу? — спросил он.

— Нет, — сказала я.

и жизнь, и слезы, и любовь…

— Почему?
— Машина к могиле не подходит. Надо идти пешком, а мне трудно.
— Но ты же обещала.
— Я тебя обманула.
— А я представил себе картину: осень, ветер гонит желтые листья. К могиле подходит грустная женщина. Плюет. И плачет.
— Хороший финал, — похвалила я.

Все умерли — Игорь и Гия. Они были ровесники, оба родились в один год и месяц. И умерли почти одновременно.

А я живу. Мой дом стоит на земле. На участке сорок берез и сорок елей. Буквально лес. Грибы. Ландыши.

У меня есть собственная ворона Клара. И верный пес Малыш.

Клара живет где-то у себя, но постоянно прилетает ко мне, чтобы пообедать на халяву. Еду она ворует у Малыша. Перед его будкой непременно стоит миска с хорошей едой. Малыш — дворняга, и мы кормим его со своего стола.

Клара выжидает, пока Малыш отойдет подальше. Быстро планирует с крыши к миске, выхватывает лучший кусок.

Малыш видит воровку и сломя голову мчится назад к своей миске, чтобы отобрать, наказать и желательно растерзать.

Малыш почти возле будки, но Клара взлетает на дерево. Малыш подскакивает и даже замолкает от удивления: как это? Только что была здесь — и уже там. И не достать. Малыш так не умеет. Собаки не летают.

Подняв морду, он начинает лаять до хрипоты. Он говорит Кларе правду в глаза. Он ее оскорбляет, обзывает последними словами. А Клара спокойно смотрит на Малыша с безопасного расстояния и не отвечает тем же. Просто размышляет: «Пес расстроился. Но что же делать? Такова жизнь. Никто не обещал в жизни полного счастья».

Родня

Так случилось, что у меня с Петром Ефимовичем Тодоровским общие внуки. Внучка Катя похожа на дедушку. Те же глаза — серо-зеленые. А улыбка Миры: пышный рот, сверкающие зубы. И специальность Катя выбрала бабушкину — продюсер. В меня никто не пошел, но это и необязательно. Внуки существуют не для продолжения профессии, а для того, чтобы было кого любить всю жизнь. Я так и делаю.

Мой внук Петруша — кинорежиссер, продолжает режиссерскую династию.

Я очень благодарна Валере, что он поучаствовал в создании моих внуков, передал качественные гены.

Валера и Наташа (моя дочь) познакомились в столовой ВГИКа (Института кинематографии). Валера сидел за столиком и ел сосиски с горошком, а Наташа стояла в очереди за этими же сосисками. Валера жевал и смотрел на незнакомую тоненькую Наташу с высокой шейкой, как у балерины. Внутренний голос ему сказал: «На этой девушке я женюсь».

И женился.

На свадьбе Петр Ефимович играл на гитаре пять часов. Буквально работал. Он очень любил сына, а Валера — отца. В семье не сюсюкались друг с другом, но это была глубоко запрятанная, настоящая, вечная любовь.

Мира была человеком особого характера. Она любила конфликты. Можно понять. Во время конфликтов жизнь закручивается в воронку, становится ярче, стремительнее, кровь загорается и бежит по жилам. Весело. Активно.

В те времена существовала фраза: «Хочешь мира — готовься к войне». Петр Ефимович переиначил эти слова: «Хочешь Миру — готовься к войне». Все смеялись.

Петя и Мира были не просто разные, а прямо противоположные люди. Меня все спрашивали: «А как они живут?» Я отвечала: «Хорошо».

Они действительно жили хорошо. Они были нужны друг другу.

Нонна Мордюкова сказала мне однажды о молодом Петре Тодоровском: «Вика, ты себе не представляешь, какой это был зеленоглазый, хрипатый, сексуальный еврей...»

Почему же? Я представляю. У Хуциева в фильме «Был месяц май» Петя играл большую роль. Он там именно такой — красивый, мужественный, с гитарой.

Одно время его женой была актриса Надежда Чередниченко — сверкающая красавица. Она пела с экрана: «Милый друг, наконец-то мы вместе».

Была и сплыла. Не удержалась возле Пети. А Мира удержалась. Почему? Судьба — раз. Общий сын — два. И третье: Мира была несущая балка, опора семьи. Петя — творец, голова в облаках. Он думал только о высоком: сценарий, фильм, музыка. А Мира должна была думать о хлебе насущном: как его достать, чем заработать.

Они очень долго были бедные. Мира рассказывала, как однажды она стояла в рыбном магазине и соображала, чем накормить семью. В кармане было сорок три копейки. Всё. В конце концов она купила спинки минтая с хребтом. Хребты пошли на супчик, а из спинок она сделала котлетки, добавив в фарш много белого хлеба и лука. Обед был готов.

Удивительное дело, но примерно то же самое происходило в семье гениального Андрея Тарковского.

Однажды я сидела в гостях у Лоры Яблочкиной (впоследствии Лора вышла замуж за итальянского поэта Тонино Гуэрру). Прибежала жена Андрея Лариса. Попросила денег, хотя не отдала еще прежний долг. Оказывается, Андрей назвал гостей, надо принять, а денег — нуль. Лариса сидела — крупная, с формами. Сейчас бы сказали «не гламурная», но по-своему красивая. Андрей Тарковский был с кавказской кровью, и ему нравились именно такие — широкобедрые, а не модели, похожие на мальчиков.

Лариса сидела нога на ногу, чулок был дырявый. Она улыбалась нам, слегка заискивала, льстила, поскольку пришла просить и хотела, чтобы ей дали. Боялась, что не дадут. Я смотрела и понимала: не надо иметь в мужьях гения, иначе будешь бегать вот так, как жучка, в рваных чулках. Но при этом есть вторая сторона медали: лучше горькое счастье, чем серая унылая жизнь.

Мира не бегала и не просила. Она сама зарабатывала. Мира была рукастая, с огромным вкусом. Она прекрасно вязала. Ее изделия не уступали фирменным и даже превосходили.

Я помню, как впервые пришла к Тодоровским. Большая комната — тридцать метров. Посреди стоит прялка, как у Арины Родионовны. Раритет. На таких прялках испокон веков сучили нить из овечьей шерсти. Возле прялки — стог шерсти, похожий на сгустившееся облако, а за прялкой — Мира. Из-под ее рук выходит грубая нить.

Мира могла бы купить готовую шерсть в магазине, но это дорого и банально.

Мира сдавала свою продукцию в художественный салон. Всякий раз это была талантливая авторская работа. Мира сама придумывала модель, сама исполняла. На Западе она стала бы знаменитой, как модельер Соня Рикель. Но мы жили в Советском Союзе, а Совок никого не ценил.

Наступила перестройка. Мира стала продюсером своего мужа. В дом потекли деньги. Купили дачу в писательском поселке. Мы оказались соседями.

Пришли другие времена. Собирались гости. Стол ломился, но я обратила внимание: Петя сидит за столом и не ест. Он боится, что другим не хватит. Этот страх остался с молодых голодных лет, когда за скудным столом собирались молодые и прожорливые. Терпеливый деликатный Петя боится взять кусок. Он сидит, сложив локти на столе, и терпит, при этом такой красивый, такой самоотверженный.

Во второй половине жизни время катится быстрее. Сменилось поколение. Наша улица под названием Восточная аллея поредела. Петр Ефимович умер. Умер Эльдар Рязанов,

Владимир Войнович. Все ушли примерно в одном возрасте: восемьдесят семь — восемьдесят восемь лет.

Петю и Эльдара похоронили на Новодевичьем кладбище. Моя знакомая пришла с похорон и сказала: «Такое уютное кладбище, там лежать и лежать».

Мира осталась без Пети. Похудела на двенадцать килограммов.

Я встречаю ее на аллеях поселка. Это совсем другой человек — тихая, скромная, доброжелательная. Невозможно себе представить, что когда-то она любила конфликты. Ей все время немножко холодно. Она слегка дрожит, и мне хочется ее согреть, обнять, прижать, сказать теплые слова. Но я стесняюсь. Я не знаю, хочет ли она, чтобы ее прижимали.

— Ты красивая, — говорю я вполне искренне.

— Да? — удивляется Мира. — Спасибо.

По теории относительности Эйнштейна, во второй половине жизни время убыстряется и становится непонятно: как из таких долгих дней складывается такая короткая жизнь?

Я смотрю в окно — и перед глазами четкая картина: утро, открывается калитка, входит молодая яркая Мира в широкой клетчатой юбке — клетка голубая и белая. К ней кидается мой пес Фома и высоко подскакивает, норовит лизнуть Миру в губы или, на худой конец, в щеку.

— Пошел! — вскрикивает Мира. — Пошел!

Солнце светит. Собака скачет. «Пошел!» прорезает воздух. Становится весело.

Я хотела бы вернуть это утро, но Мира не приходит и Фомы нет. Все сдвинулось в сторону вечности.

Время проходит недаром. Вырастают внуки, появляются правнуки. У Петруши растет сынок Илья. Илья не интересуется кино. Он хочет стать футболистом.

Недавно десятилетний Илья ездил в Сочи на сборы. Его команда позорно проиграла со счетом 7:1. Но единственный гол во вражеские ворота забил именно Илья. Его даже сфотографировали в полный рост. Стоит с мячом — длинноногий, худой, выточенный. Блондин с голубыми хрустальными глазами. Криштиану Роналду отдыхает.

Илья Тодоровский — потомок великой кинематографической династии, не желающий ее продолжить. Я не против. Ногами заработаешь больше, чем головой.

Остановись, мгновенье...

Катя жила в Ленинграде, который позже переименовали в Санкт-Петербург. Это о Санкт-Петербурге Пушкин сказал: «Люблю тебя, Петра творенье».

Район, в котором жила Катя, трудно назвать творением Петра. Это — Выборгская сторона, рабочая, заводская, спальный район. Дома одинаковые, скучные, похожие на каменные бараки.

Катя и ее мама по имени Тося жили на пятом этаже, без лифта, разумеется. Вокруг грубая прямая бедность. Мать рассказывала: самые яркие события ее молодости — это фильм «Карнавальная ночь» и Международный фестиваль молодежи и студентов в 1957 году. Тосе было тогда 20 лет.

Железный занавес приоткрылся и впустил в Москву молодежь со всего земного шара.

остановись, мгновенье…

После этого фестиваля в Москве родилась целая гвардия черных детишек. Как правило, их сдавали в дом малютки.

Запомнился первый день фестиваля. По улице медленно двигались открытые грузовые машины, а в них — негры в перьях. Женщины поводили пышными ягодицами — непривычное зрелище. Зрители вдоль улицы лезли вперед, Тосю толкали и отпихивали. Никто не обращал внимания на ее молодость и красоту, просто выдавливали из праздника. Это было очень обидно, и все вставало на свои места. Она, Тося, — не участник праздника, а просто зритель.

Запомнились локти, которые утыкались в ее узкие плечи, грудь и живот. Это грубо, болезненно и совершенно неинтересно.

Она вышла замуж за инженера, 120 рублей в месяц. Это мало. Но красив, а это очень важно, особенно в молодости. Да и потом. Красота не проходит и не приедается. Ложиться в постель с красивым — всегда праздник. А что касается денег — на еду хватало.

Все жили плохо, но одинаково, и это мирило с действительностью.

Не голодали, а всё остальное оставалось в мечтах. Мечты у Кати были неслабые: квартира в центре возле Таврического сада, дача у моря, шуба из соболя, кольцо с бриллиантом.

У мамы свои амбиции: дочь должна знать французский язык и играть на фортепьянах, как истинная дворянка.

Катя была безразлична к музыке, и французский язык был ни к чему. Вполне хватало русского.

Она любила фотографировать, останавливать мгновения. Папа подарил Кате маленький немецкий фотоаппарат. Она быстро в нем разобралась. Стала фотографировать все подряд. На снимке все приобретало какой-то дополнительный смысл. Например: дерево во дворе. Просто дерево — стоит и стоит. А на фотографии — это дерево плюс что-то еще. Божий замысел, например торжество жизни. Бесконечность. Это дерево стояло до Кати, при Кате и будет после нее. Хотя Катя была убеждена, что до нее ничего и никого не было. И после нее не будет.

Катя проявляла пленку, печатала и вклеивала в альбом. А внизу придумывала надпись. Например: «Моя семья». Эту надпись она поставила под деревом. Дерево стучалось в ее окно, значит, было свидетелем ее жизни. И она, Катя, тоже каждый день видела дерево. Они вместе росли. Семья, что же еще…

А потом папа умер. Сначала он долго лежал, и Катя бегала в аптеку за кислородными подушками. Летом мама отправила Катю на юг к родственникам. Когда Катя вернулась, папы уже не было. И было непонятно, куда он делся и где он сейчас.

Мама работала в ателье, но денег все равно было мало. Мама наловчилась зарабатывать самостоятельно, независимо от государства: договаривалась со швейцаром гостиницы и он присылал ей жильцов. В гостинице мест не хватало. Бедные командированные не знали, куда им приткнуться. А тут подходил швейцар и давал адресок.

Командированные были счастливы. Адресок, конечно, у черта на рогах — Выборгская сторона, но все равно ночлег обеспечен.

Квартира была двухкомнатная. Сдавалась маленькая комната, но гости имели право заходить и в большую комнату, сидеть за круглым столом. Пить чай, например. Поскольку кухня была тесная, убогая, с облупленными стенами.

Ванна в этих домах не предусматривалась. Мыться ходили в баню.

Доходы, получаемые от квартиросъемщиков, поддерживали вполне сносный уровень жизни.

Катя выглядела как куколка: модная, нарядная, никогда не скажешь, что с Выборгской стороны. Соседи завидовали. Неприятно, когда кто-то рядом живет лучше.

Катя торопилась замуж, хотя ей было всего двадцать лет. Могла бы и подождать. Она и не против подождать, но нервничала мама. Маме хотелось поскорее сбагрить дочь и выйти замуж самой. Она нравилась мужчинам. Правда, ненадолго. На неделю, отпущенную командированным. Немного. Но лучше, чем ничего.

Катя часто просыпалась ночью от сдавленных звуков любви. Она лежала и слушала, и ей становилось стыдно за свою мать. И за человеческое скотство.

В институте почти не было парней. Одни девушки. Парни в учителя не идут. Но все-таки молодежь сбивалась в компанию. Устраивали складчину. Приносили кто что мог. Мама делала винегрет. Это дешево, только овощи. Мама резала свеклу, морковку, картофель, соленый огурец, добавляла вареную фасоль, поливала душистым подсолнечным маслом — и получалось неплохо, а главное, дешево.

Бедная мама, она старалась для своей девочки изо всех сил. Себе оставляла случайные радости, которые не всегда ее щадили. Иногда приходилось избавляться от нежелательной беременности. А что же делать? Не рожать же второго ребенка непонятно от кого?

Катя помнит один прекрасный день, когда она пришла домой, а за столом в большой комнате сидел Ален Делон, даже лучше. Он поднял на нее глаза-омуты, смотрел спокойно и доброжелательно. «Какая счастливая та девушка, за которой он ухаживает, — подумала Катя. — Вот бы мне такого…»

Алена Делона звали Денис. Он был командированным из Москвы.

Он влюбился в Катю, а Катя влюбилась в Дениса, поскольку они оба пребывали в возрасте любви: ей двадцать лет, ему двадцать семь.

Из этого начального периода остался в памяти их первый поцелуй. Возле окна.

Поцелуй был осторожный, почти школьный, но ее пробил разряд такой силы, что Катя чуть не потеряла сознание.

С этих пор они стали целоваться постоянно, и все кончилось тем, что Денис сделал Кате предложение. Гром победы, раздавайся!

Катя и Денис пошли в ЗАГС и расписались. После ЗАГСа Катя отправилась в баню, а Денис ее провожал. Не хотелось расставаться ни на минуту. Красивые мужья — наследственная карма. Личная жизнь передается по наследству, так же как и одиночество.

Свадьба была позже. В Москве, куда Катя переехала через полгода. Надо было закончить институт и получить диплом.

В памяти застряло воспоминание: Денису надо купить подарок на свадьбу, а у матери в тот момент не было денег. Катя скандалила, вопила так, что под окнами останавливались люди. Мать виновато моргала, втягивала голову в плечи, но что она могла сделать? Денег нет и одолжить не у кого. В конце концов мать купила зятю голубую рубашку. Стыдобища. Но лучше, чем ничего.

Родители Дениса знали золотые времена. Отец закончил институт внешней торговли (внешторг) и работал за границей, в консульстве Таиланда. Был допущен к кормушке. Открылись большие перспективы, но все испортила мамаша Дениса Эмилия. Она поругалась с женой посла Раисой, и все кончилось тем, что их вымели поганой метлой, дисквалифицировали и отправили в Москву. Все кормушки были закрыты.

Папаша Дениса жаловался начальству, но безрезультатно. Его никто не слушал. Своих не сдают.

Папаша превратился из хозяина жизни в ничто. Эмилия каждый день выговаривала мужу: что он представляет из себя на самом деле. А потом заочно обращалась к жене посла: какая она сука, плюс дура, плюс овца. В отличие от Эмилии — красавицы и королевы.

Короче, семья была ранена. Эмилия действительно была хороша и неглупа, но в ней жила потребность говорить правду в глаза.

остановись, мгновенье…

А правд много. И у всех она разная. Правды Эмилии и Раисы не совпали.

Катя понравилась родителям. Тому была причина. Предыдущая девушка Дениса им не подошла по национальному признаку: еврейка. Имя — Маша. Почему-то русские девушки не пользуются еврейскими именами типа Сара, Роза, Рива, а еврейки — все Маши. Пришлось потратить много усилий и времени, чтобы отодвинуть Дениса от Маши.

После Маши Денис долго ходил бесхозный, и Эмилия уже сожалела, что вмешалась. Но вот появилась Катя, и все стало на свои места.

На свадьбе Денис перепил и заснул. Это было самое яркое впечатление.

У Дениса была своя однокомнатная квартира — то, что удалось цапнуть в золотые времена. Катя избежала совместного проживания со свекровью, иначе она бы выучила на память таиландскую трагедию. Первый акт: как Эмилия с мужем жили, как ели, какие у них были слуги, какие драгоценности. Второй акт: какая Раиса хабалка — из грязи в князи, как Раиса гоняла слуг — все ей не так. А только шестерка гоняет шестерку. Интеллигентный человек говорит: «Спасибо». Катя мечтала повидать эту Раису, которая оставила такой глубокий след в душе Эмилии.

Жизнь течет медленно, а проходит быстро. Катя, как в болото, провалилась в медленное течение.

Она преподавала литературу в старших классах. Наслаждалась способными учениками. Угнеталась бездарными. Катю побаивались и уважали. Понимали, что она не отбывает свое рабочее время, а всерьез занята просвещением. Ученье — свет, а не ученье — тьма.

Катю хотели сделать завучем (заведующей учебной частью), но она отказалась. Власть ей не нужна. Да и некогда.

У нее с Денисом росли двое мальчиков — Миша и Сева. Старший Сева ревновал младшего. Считал, Миша (младший) забирает у Севы большой кусок родительской любви и Сева получается ограблен. Он кричал родителям: «Вы отложили меня как прочитанную книгу!»

Сева при каждом удобном случае лупил Мишу. Миша визжал как поросенок. Катя мчалась на сигнал бедствия, растаскивала детей и лупила Севу. Сева при этом молчал, его лицо было упрямое, упертое, выражало одну мысль: «Бил и буду бить».

Требовалось время, чтобы мальчики переросли этот опасный возраст.

В доме всегда было разбросано, как после взрыва. Катя приходила с работы и разносила по местам игрушки, одежду. Бессмысленное занятие. На другой день та же картина.

Одинаковость дней убивает. Катя звонила маме в Ленинград, просила приехать, но мама отказывалась. Она не могла жить чужой жизнью. У нее своя программа и свой доход. «Хозяйка гостиницы».

Мама постарела. Что такое старость? Это усталость и отсутствие желаний. Маме все стало до фонаря. К тому же Катя разбогатела и взяла маму на крыло. В страну пришел капитализм, и жизнь Кати перевернулась на сто восемьдесят градусов.

Можно долго рассказывать подробности, но не в них дело. Дело в том, что Катя и Денис окунулись в другую жизнь.

В стране — революция. «Весь мир насилья мы разрушим до основанья, а затем мы наш, мы новый мир построим. Кто был никем, тот станет всем».

Посол и Раиса канули в Лету. Эмилия с мужем как были никем, так и остались никем. Но Денис разгорелся ярким костром. Он возглавил у себя на работе демократические силы, оказался самый горластый (прорезался социальный характер, потребность власти). Околачивался на митингах, вылезал на трибуну, потрясал кулаками, зажигал, завораживал.

Катя спрашивала:

— Ты не стесняешься?

— Это мое место. На трибуне я как рыба в воде, — отвечал Денис.

Начались выборы в Думу. Дениса выдвинули. И выбрали.

Денис оказался у власти, а это значит — у кормушки.

Денис — префект Центрального округа. А это значит — деньги, недвижимость, квартира в Москве, дом на земле — коттедж. Это нарядное название появилось вместе с капитализмом, позаимствовали в Европе. У Кати и Дениса образовалась целая вилла, как в Голливуде. Подземный этаж — бассейн. Первый этаж — кухня, зал, зимний сад. Второй этаж — спальни. Третий этаж — спортивный зал. Это вам не убогая кухня ее детства, не голубая рубашка на свадьбу. И даже не квартира около Таврического сада. Пространство — вот где счастье. Стены — сплошное стекло. Времена года приглашаются прямо в дом.

К хорошему привыкаешь быстро. Катя привыкла к комфорту и к деньгам. Самое главное — их не замечать. Деньги — это средства, и все. Идешь по магазинам и покупаешь все, что тебе нравится, и столько, сколько хочешь. Деньги не считаешь. Что их считать? От счета больше не станет.

Катя обожала путешествия. Путешествия — это пятизвездочные отели, изысканная еда, впечатления, расширение кругозора.

остановись, мгновенье...

В Испании ее разочаровало море: в середине лета двадцать четыре градуса — это мало. В довершение наступила на морского ежа, тоже не праздник. На территории отеля — кусок моста четвертого века до нашей эры. Ничего особенного, камни. Единственное, понимаешь, как давно существует человечество. И ты сама, как песчинка, оказалась в двадцатом веке уже нашей эры. И тебя тоже время смоет. Что же делать, такой порядок. Для тебя никто не сделает исключения. А когда-то Кате казалось, ничего не было до нее и не будет после. А оказывается, было, было и будет...

Обедали на свежем воздухе возле воды: то ли широкий ручей, то ли узкая речка. В ручье — утки. На тарелке — морепродукты. Счастье. Но через десять дней хочется домой. Почему? Непонятно. Наверное, потому, что все это не твое — и роскошь, и морепродукты. Все это временное, напрокат, как маска на карнавале. К тому же Катя скучала по своей работе. Праздность ее утомляла. Некоторые люди любят праздность. Им нравится ничего не делать. Катя знала таких. Не осуждала, но не понимала: а зачем тогда жить? Просто кушать и какать? И тогда к концу жизни ты съешь стадо коров и оставишь море фекалий. И это все. Жестокое знание.

Все вокруг хвалили Баден-Баден. Катя посетила этот термальный курорт. Из окон отеля был виден дом Полины Виардо. Довольно маленький, одноэтажный. Здесь подолгу жил Тургенев, влюбленный в Полину, и здесь же обитал муж Полины по фамилии Виардо. Как они все умещались? И почему муж соглашался на присутствие любовника и даже предоставлял материальную базу: питание, проживание плюс сексуальные услуги своей жены?

Катя подолгу смотрела на дом. Сколько тайн хранили эти стены…

Термальный бассейн находился в конце центральной улицы и был похож на советские бани. Каждому полагался шкафчик. Отводилось время: от и до.

Туда стекался весь город и погружал в бассейн свои тела со своими микробами и вирусами. Так что чаша бассейна казалась густой и мутной. Микробы там встречались, знакомились, справляли свадьбы и рожали новых свежих микробиков.

Самое яркое впечатление от Баден-Бадена — обед в маленьком кафе: телятина со спаржей. Спаржа — свежая, не замороженная и размороженная, а только что срезанная, под белым соусом. Незабываемо.

В меню напротив блюда значилось: телятина — триста пятьдесят граммов. И это было действительно триста пятьдесят граммов, ни на грамм меньше. И это действительно была молодая телятина, а не корова бальзаковского возраста. Германия — не Россия, где пытаются обмануть все и всегда.

В Баден-Бадене Катя прошлась по комиссионным, в которых продавалась старинная ювелирка. Купила кольцо с бриллиантом в четыре карата. Бриллиант стрелял синими огнями. Иметь такое кольцо на пальце — значит быть одетой. И уже не важно, что там на тебе еще: какое платье, какая сумка.

Денис ненавидел магазины. Он слонялся по музеям, по окрестностям, нанимал машину и гида. Для него главное — впечатления, которые он уносил в своей душе.

Катю в этих экскурсиях больше всего занимал гид. Как правило, это были женщины. Как правило, одинокие, с хорошим русским языком. Эмигранты из России. Хотели найти счастье вне родины, но не нашли.

Кате удалось посетить Вену. Все цветисто и напоказ, как в доме разбогатевшего жлоба.

Более всего ее поразил Венский лес, тот самый, который она видела в старом кино. На экране это было нечто сказочное, солнечное, со щелканьем соловья, красивой и счастливой актрисой, с любовью, буквально гимн жизни. А в реальности — серое небо, грязная дорога, обглоданные кусты по бокам. Может быть, дело во времени года. В кино — лето, тут — зима. А скорее всего, дело в возрасте Кати. Кино она смотрела двадцатилетней, а увидела воочию — в сорок.

Сорок — хороший возраст. Красота еще при тебе, и желания присутствуют. А когда к желаниям присовокупляются возможности, то получается салют жизни и гром победы.

Катя фотографировала, останавливала мгновения. Они были прекрасны, отвратительны и ни то ни се. Наиболее удачные она клеила в свой альбом. Мечтала издать отдельной, яркой, большой книгой.

От издательств не зависела. Могла издать за свой счет и потом дарить тем, кто достоин такого подарка.

В первую очередь — Денису. Денис самый достойный из всего человеческого окружения. Из простого инженера выскочил в первые ряды элитарных самцов. Помогло время: перестройка в действии. Революция. Ельцин — как Спартак, который вел рабов к свободе. Люди из бесправных винтиков превращались в вершителей судеб.

Денис оказался не только горластым, но и убедительным. Он выделялся среди крикунов своими человеческими качествами. Так породистая собака отличается от беспородных собратьев. К тому же он был молод и привлекателен. На Дениса было приятно смотреть и интересно слушать, то есть умный и красивый.

Младореформаторы обрели власть. А власть — это деньги. А от денег еще никто не отказывался.

Денис не был хапугой. Брал только то, что само плыло в руки, а именно лучшие московские квартиры в лучших районах: центр, Арбат, Фрунзенская набережная. Очень выгодными оказались старые особняки. Их можно было сдавать в аренду банкам, магазинам.

Мальчики подросли, ходили в частную школу. Появились такие. Учителя — те же самые, советские. Откуда взяться другим? Но они работали за другую зарплату, а это — важно. Класс сформировался не более двадцати человек. Учителя меньше уставали и больше зарабатывали. Это сказывалось на процессе обучения.

Дети у Кати получились красивые: глазастые, чернокудрые. Цыган, спрятанный в предках. Учились хорошо, но постоянно опаздывали. Везде. Не умели рассчитать время.

Мальчики появлялись в школе после звонка. Нянечка говорила: «Ну вот, опять опоздали. Красивые, но опоздали».

Точность — вежливость королей. А неточность — форма хамства.

Катя пыталась научить детей рассчитывать свое время, но все оставалось как было.

Сева рос амбициозным, готовился к яркой жизни. А Миша получился завистливым. Не дай бог, у кого-то лучше. Что именно? Все: внешность, одежда, способности. Миша хотел быть лучше всех, но не получалось. Кто-то обязательно оказывался впереди.

Миша иногда задавал Кате вопросы типа:

— Когда у моих друзей день рождения, я не радуюсь. Мне это никак. Это плохо?

— Нормально, — отвечала Катя. — Я тоже не радуюсь.

— А как же человек человеку друг?

— Человек человеку ни друг и ни волк.

— А кто же тогда?

— Никто.

Денис возмущался:

— Как ты воспитываешь ребенка? Чему ты учишь?

— Учу не врать. И не притворяться, — отвечала Катя. — Хватит с нас лицемерия.

Катя гордилась мужем. У него оказались мощные организаторские способности. Ему было интересно жить. Он подолгу задерживался на работе. Его лицо часто мелькало в телевизионных передачах. Еще немного — и звезда. А она, Катя, — спутник звезды и на нее падает свет. Деньги деньгами, но это не все. У криминальных авторитетов тоже есть деньги. Важно владеть умами людей. Стоять у руля, вести корабль по правильному курсу. Денису доверили, и он рулит с утра до вечера, а иногда и по ночам, как Сталин. У него ненормированный рабочий день. А Катя охраняет его тыл. Тыл должен быть крепким.

Так думала Катя, убирая второй этаж коттеджа. Она никому не доверяла личную комнату. Домработницы шарят по шкафам, и Кате невыносимо сознавать, что в белье кто-то роется чужими пальцами.

Пылесос негромко шумел. Ковер становился ярче и как будто новее. Катя любила зеленый цвет и все его оттенки: от малахита до оникса. Она любовалась своим ковром, и вдруг ее пронзило, прожгло как молния: у Дениса баба. По ночам никто не работает. Только Иосиф Виссарионович работал по ночам, и чиновники были вынуждены соответствовать. Но Сталин давно умер. Сейчас у руля совсем другой человек, с другим режимом.

Денис — держатель денег. Он обрел власть и, как султан Сулейман, позволяет себе все радости жизни. Он может купить себе молодость, не свою, конечно. Чужую.

Катя застыла над пылесосом. Он уютно урчал, а ковер сиял малахитом и ониксом.

Катя не стала откладывать в долгий ящик. Зачем длить сомнения и страдания? Она дождалась мужа с работы и прямо спросила, что называется — в лоб:

— У тебя баба?

Денис уставился на жену как баран. В его глазах стояли испуг и фальшивое удивление.

— Что? — переспросил он.

— У тебя роман? — расшифровала Катя.

Денис не спеша снял пальто. Переобулся. Надел домашние тапки. Вопрос Кати висел без ответа. В прихожей стояло напряжение, как будто включили мощный рубильник.

— Я тихо говорю? — спросила Катя. — Ты меня не услышал?

— Услышал, — глухо отозвался Денис.

— И что?

— Почему баба? Девушка... Пройдет, наверное.

Денис не стал отпираться. Сознался.

Катя надеялась, что он начнет отпираться, выкручиваться. Это значило бы, что баба существует, но исключительно временного пользования. Как конфетка. Полакомится и выплюнет. Неприятно, конечно. Как тайфун — налетел, повалил столбы, отключил электричество. Но ничего... Тайфун развеется, столбы можно поднять, провода натянуть.

Денис сказал: «Пройдет, наверное». Самое опасное слово — наверное. Значит, может —

пройдет, может — нет. Тайфун то ли улетит, то ли укрепится и снесет все под корень: и дом, и семью, и мужа, такого любимого, такого качественного.

Катя ничего не сказала и вышла из прихожей. Ночевали врозь. Катя постелила себе на первом этаже. Продемонстрировала обиду.

До утра не могла заснуть, размышляла: что делать? Устраивать скандалы, создавая тем самым невыносимую обстановку? Это подхлестнет Дениса к побегу. Здесь его гнобят, а там ласкают. Второй вариант — противоположный: усилить внимание и разнообразить сексуальную программу. Но какая особая программа после двадцати пяти лет совместного проживания, когда знакома в теле каждая щелочка, каждый вздох? И еще одно: Катя не умела притворяться. Ревность не подогревала любовь, а наоборот — убивала. Ревность — это недоверие. А когда не веришь, хочется держаться подальше.

Катя приняла решение: сделать вид, что ничего не происходит. Оставить стрелку на нуле. Никакого плюса в виде притворной страсти, никакого минуса в виде скандалов. Политика выжидания.

Под утро Катя перешла на прежнее место, к мужу под бочок. Но бочок оказался равнодушен. Денис сделал вид, что продолжает спать и местоположение жены его совершенно не волнует.

Катя смотрела в потолок. Как это могло произойти? Красавица, умница, мать двоих детей оказалась брошена в сорок пять лет на полдороге. А что там за девушка? Какая-нибудь секретарша с длинными ногами и глубоким декольте. Груди торчат, как поросята. Пухлый рот, как бант. Попка, как арбуз. Маникюр. Плюс молодость и новизна ощущений.

Главная ценность человека — жизнь. А главная ценность жизни — молодость. И ничего тут не сделаешь. Ей двадцать, а Кате за сорок.

Все мужики, как правило, бабники, скачут с одной бабы на другую, привыкают к прыжкам. А Денис попробовал и залип, как муха, налетевшая на клейкую ленту.

Что остается Кате? Жить.

Одно дело просто жить, а другое — ждать. Нервы расшатались. Хотелось перебить всю посуду.

В жизни Кати было два этапа. Первый: нищета.

Второй этап: богатство, коттедж, путешествия по Европе, счет в банке. Никто не отпихивал, наоборот, приглашали на премьеры и оставляли лучшие места в партере. Катя —

красивая, есть на что посмотреть. И умная, есть что послушать.

От первого этапа до второго — почти тридцать лет труда и преодолений. А эта овца получит все и сразу. Она получит богатого Дениса в первых рядах и будет колоситься над ним — юная, полная сил. И никто не поинтересуется: а где же Катя? Катю забудут, будто ее и не было. И о детях не вспомнят. Кого и когда интересовали чужие дети?

Катя зарабатывала свое благополучие. Ждала. Терпела. Рожала. А эта пионерка получит все и сразу. За что? За молодость: гладкое тело, как у дельфина, и резиновые штучки.

Хотелось лечь на пол и кататься по ковру. Катя так и делала. Ложилась и каталась. Потом поднималась и фотографировала все, на что натыкалась взглядом: кусок улицы, вид сверху, из окна. Черная собака возле черного мусорного бака. И надпись: без хозяина.

Денис обещал: пройдет, наверное. Но не проходило. Наоборот. Раньше он возвращался под утро, а сейчас мог не появиться вообще. Секс завял. А это значило, что ТАМ он расцвел.

Катя решила чем-то наполнить свою пустоту. Разбавить тоску. Она перелистала в памяти свои прошлые привязанности. Их было две. Немного. У некоторых ее подруг за неделю больше.

Довольно долго продержался переводчик Афонин. Он переводил с английского техническую литературу. Знал бесчисленное количество терминов.

Афонин был интересен своим отношением. Он влюбился, как старшеклассник, и вытворял невероятное. Однажды летом Катя поехала в деревню, там жила ее нянька с детьми. Это было родовое гнездо няньки.

Афонин провожал Катю на поезд поздно вечером, а утром он встречал Катю на вокзале, выходящую из вагона. У нее глаза вылезли на лоб. Откуда? Как? А так. Летел всю ночь на крыльях любви. Как писал Симонов: «Я был у ног твоих с рассветом, машину за ночь доконав».

От вокзала до деревни — бездорожье, можно проехать только на тракторе. Афонин вез Катю на своей скромной пятерке, как каскадер. Настоящий мужик. При этом был скромен. Не лез.

Обратно он тоже переправлял Катю. Специально приехал.

Они не торопились, останавливали машину в лесу. Собирали грибы, а потом жарили на костре. Разгар лета. В лесу абсолютное безлюдье и духота. Катя разделась до купальника, а потом сбросила и купальник.

остановись, мгновенье...

Ходила среди деревьев нагая, как Ева в раю. Какое же это наслаждение — ходить стопроцентно голой! В человеке просыпается что-то первобытное. Не хочется одеваться. Катя позавидовала аборигенам в Австралии, которые так и живут, болтая сиськами. Не надо ходить на работу, не надо искать смысл жизни. Он — есть. Просто жизнь, и все.

Переводчик Афонин был слегка дикарь по натуре. Любил путешествовать — пешком, и на лодке, и даже на плотах. Дружил с природой. Это был положительный персонаж. Мешало одно НО. Он не нравился Кате. Вернее, так: нравился, но она не была влюблена. Переводчик некрасиво смеялся — зубы как у коня. Некрасиво говорил — все слова в кучу. Было в нем что-то непоправимо деревенское. Он знал несколько языков — казалось бы, далеко отодвинулся от сохи, и все равно.

Переводчик мечтал выдрать Катю из семьи, жениться и служить ей всю жизнь. Но нет, нет и еще раз нет. Катя принимала его ухаживания без всяких обязательств. Так человек подставляет тело первым лучам солнца. Благодатная энергия. Но ненадолго. Вышел, погрелся и ушел. Мужская психология. Так она и сделала: погрелась и ушла. Переводчик завел себе другую музу, которую так и звали — Муза. Она звонила Кате и говорила: «Почему вы ему никогда не звоните? Он отслеживает ваши звонки. Считает их, ждет. Позвоните ему...»

Катя удивлялась такому бескорыстию. Видимо, Муза любила переводчика. Ей повезло. И ему тоже.

Катя решила позвонить Афонину в свои трудные минуты. Она верила в долгосрочность его чувства. Только настоящее отношение могло ее спасти. Она тонула в болоте, ей нужен был крепкий посох, на который можно опереться.

Катя набрала его номер. Услышала знакомый голос, слегка хрипловатый, но хрипотца не интеллигентная, деревенская.

— Я слушаю, — сказал переводчик.

«Пошел на хер», — подумала Катя, но вслух не озвучила, положила трубку.

Она поняла, что реанимировать нечего. Встреча с этим человеком не только поддержит ее, а наоборот — усугубит отчаяние.

Второй ее кавалер — Асланчик из города Нальчика. Тренер по теннису.

Рядом с дачей был санаторий с теннисным кортом. Аслан тренировал за деньги, но с Кати ничего не брал. Он влюбился в нее всей силою своей мусульманской души и всей мощью молодого тела. Как же он был хорош в действии! Катя даже не представляла себе, что такое может быть.

остановись, мгновенье...

Они совокуплялись постоянно, как бабочки однодневки. Дан один день жизни, надо успеть. Аслан включал «звук» и вопил как лось. Это был гимн страсти. Катя рядом с Асланчиком забывала обо всем на свете: о том, что она преподаватель литературы, мать двоих детей, верная жена. Она становилась просто самкой, мечтающей о зачатии и готовой к зачатию и для этого пришедшей в этот мир.

Асланчик был иногородний, мечтал пристроиться, получить прописку. Катя подходила по всем параметрам: она была красивая и богатая. Правда, постарше на пять лет и замужем. Асланчик надеялся, что Катя уйдет от мужа, а пять лет ему не мешали. Но время шло. Катя ничего не меняла, вела себя как мужик: потешилась — и обратно в семейное гнездо. Гнездо — незыблемо. И никакие сексуальные подвиги Аслана ее не сдвигали с привычного уклада жизни.

Стало понятно, что Катя его просто использует, как вино к обеду.

Асланчик стал задавать вопросы типа: а что дальше? Катя не отвечала.

У Екатерины II в конюшне работали конюхи-кабардинцы. Стало быть, Асланчик — конюх при царице. Асланчика этот статус не устраивал. И даже унижал. Он бросил Катю. Нашел себе другую теннисистку — моложе и без мужа, с квартирой в спальном районе. Никаких препятствий. Переезжай и живи. Асланчик так и сделал. Катя плакала. Асланчик обнимал ее, прощаясь. Целовал в слезы. От Кати требовалось немного, сказать: «Ну ладно, я согласна» — и все. И она получила бы Асланчика целиком и полностью. Но эта дорога не вела к храму. Это был тупик. Страсть проходит, и что остается? Только крик победы, который растворяется в космосе.

Они расстались, но ничего не забыли. Асланчик звонил время от времени и говорил:

— Испортила ты мне всю песню…

— Как это?

— С тобой интересно разговаривать, а моя все время молчит…

Оказывается, разговаривать так же важно, как все остальное. Оказывается, все остальное (физическая близость) — это тоже разговор.

Катя забыла Афонина и Асланчика. Память тела не сохраняется. Только память сердца. Сердце помнило только Дениса. Сейчас он ходил мимо Кати — вернее, не он, а его оболочка. Дениса не было. Катя решила заняться спортом, чтобы расходовать энергию, уставать и не думать. Вернее, не думать постоянно.

Она отправилась в знакомый санаторий.

Обстановка та же самая: корт, бассейн, окна по всему периметру. Светло. Все как было. И Асланчик — тот же самый. Только поседел. Ранняя седина ему шла.

Возле Асланчика крутился шестилетний мальчик, его сын. Подбирал мячи. Иногда Аслан ставил его вместо себя. Тренировал. Видимо, хотел сделать из ребенка чемпиона мира. Большие деньги. А если не получится чемпион — будет тренер. Тоже кусок хлеба. Мальчишка был юркий, как ртуть, очень способный. Катя с удовольствием посылала ему мячи, но предпочитала Аслана. Теннис был платный, недешевый, и Катя не хотела за свои деньги тренировать чужого мальчика, даже такого милого. Она играла с Асланчиком, у нее получалось. Видимо, прошлые уроки не прошли даром.

После тенниса Катя шла в бассейн. Вода двадцать восемь градусов. Тело не сопротивляется.

Катя нарезала круги. Выходила бодрая, заряженная движением.

Асланчик отвозил ее домой на своей машине. Мальчишку не бросал. Брал с собой.

Ребенок все время что-то клянчил: еду или игру. Приходилось заезжать в универмаг или в универсам. Платила Катя. Сначала ей хотелось побаловать ребенка, а потом это вошло в традицию.

Однажды мальчик увидел айфон и загорелся. Пришлось купить. Дальше — больше. Мальчик потребовал планшет.

— Тебе папа купит, — сказала Катя.

— Папа сказал, что ты купишь, — произнес мальчик. Выдал Асланчика.

Катя поняла, что ее функция — кошелек. И это только начало.

Дальше последовало оформление кредита в банке на Катино имя, поскольку на Асланчика кредит не оформляли. У банка были свои порядки.

Катя догадалась, что кредит ляжет на ее плечи. Асланчик ничем не рискует, а вот она — рискует.

Асланчик — альфонс. Жизнь заставляет. Дыр много, а средств мало. Тогда как у Кати никаких дыр, сплошные средства.

Катя поняла: надо делать ноги либо убирать со своего поля Асланчика. Сам он не уйдет. Кто будет убирать?

Это сделала судьба.

В очередной четверг Катя пришла на корт. Ей сказали, что Аслан больше не работает.

— А где он работает? — спросила Катя.

— Нигде. Он умер.

— Как?

— Дорожно-транспортное происшествие. Закрутился на гололеде. Машина пробила чугунную решетку и свалилась в реку. Аслан Замихшериевич утонул.

— Боже...

Кате стало страшно от того, что судьба распорядилась так беспощадно. И почему-то в память вонзилось отчество: «Замихшериевич». Он обычно представлялся: Аслан Михалыч.

Кредит лег на Катю, как она и предполагала. Но это обстоятельство не огорчило. Она как бы рассчиталась с Асланчиком. За что? Непонятно. За то, что он умер молодым.

Денис ходил как тень. Видимо, что-то его мучило. Наконец он произнес:

— Я решил пожить один. Я ухожу.

— Куда это ты уходишь?

— На Арбат.

— Квартира сдается. Никуда ты не пойдешь!

Катя говорила решительно, но в глубине души осознала: все! Конец. Ее мир рухнул. Денис возьмет раздельное проживание, как принц Чарльз с Дианой.

А что будет с Катей? Ее чувства не увяли ни на миллиметр. Она хочет всего того же, что в двадцать и в тридцать лет. Но не грубой кошачьей страсти, а нежности, глубины, интеллекта — как ни странно это звучит. Человеком не должны править инстинкты. Вернее, только инстинкты. Должно подключаться человеческое.

Катя надела шубу и рванулась к свекрови.

Свекрови было под восемьдесят. Но мозги в порядке. Раз в год она посещала Милан и покупала себе одежду из последней коллекции.

— Я, конечно, черепашка, — говорила свекровь, — но лучше быть нарядной черепашкой.

Она действительно походила на черепаху: длинная шея, маленькая голова, самое широкое место — талия. Однако чувство юмора не изнашивалось со временем, и это украшало.

— Денис уходит, — сообщила Катя с порога.

— Куда уходит? — не поняла свекровь.

— К другой бабе. Я хочу на нее посмотреть.

— Не делай этого, — запретила свекровь.

— Почему?

— Визуальный ряд не проходит. Он впечатывается навсегда. Если не увидишь, то все забудется, как будто этого не было. А если увидишь — конец. Не забудешь никогда.

— Вы меня не поняли. Он бросает меня с двумя детьми. Моя жизнь остановится, а у него начнется новая любовь и новые дети. Я — разведенка и брошенка, мадам Брошкина.

— Ты ему изменяла?

— Практически нет.

— Вот и дура. Нет ничего скучнее верной жены.

Катя зарыдала.

— Ты была хорошей женой и хорошей матерью, но он тебя больше не хочет, а ту — хочет. Фуй встал, мозги в жопу ушли. Вот и все.

Катя продолжала рыдать.

— Я с ним поговорю, — пообещала свекровь. — Вряд ли поможет, но я попробую.

остановись, мгновенье…

Помолчали.

— Мне тебя не жалко. Не ты первая, не ты последняя, — заключила «черепаха». — Мне жалко внуков, у них такой ранимый возраст, личность еще не сформирована. Как можно проехаться колесами по головам детей, услышать хруст костей…

Катя перестала рыдать.

— Хватит! — отрезала она. — В вас нет ничего святого.

— А ничего святого и нет, люди придумали…

Катя ушла от «черепахи». Долго ездила по Москве. Завернула на Ленинские горы, вышла на смотровую площадку. Стояла над Москвой. В голове застряла фраза «ничего святого нет, все придумали люди». Люди придумали, чтобы легче было преодолевать грубость жизни.

За все приходится платить. За обеспеченную жизнь Катя заплатила Денисом. Что осталось? Остались обида и пустота.

Катя достала фотоаппарат и сфотографировала Москву. Вид сверху.

Денис ходил мрачный. Видимо, мать с ним поговорила. А может, были другие причины. Например, поругался с пионеркой. Он обещал скорую перемену участи, а сам тянул и тем самым порождал сомнения.

Спали в разных комнатах, но Катя заглядывала к Денису по утрам и спрашивала, что он хочет на завтрак: творог, или кашу, или, может быть, омлет.

Однажды она застала его перед зеркалом. Денис вглядывался в свое отражение. Он был весь какой-то обглоданный, как будто его жевали и выплюнули.

— Ты похудел, — сказала Катя.

— Я худею каждый день на четыреста граммов, — сообщил Денис.

— Давно?

— Что «давно»?

— Заметил, что худеешь.

— Не помню. Я похудел на восемь килограммов, а ем так же. Столько же.

Катю пробило предчувствие. Даже не предчувствие, а точное знание. С ней уже бывало такое.

Она позвонила семейному врачу Льву Григорьевичу и сказала:

— Дениса надо обследовать. Срочно.

— У него была диспансеризация полгода назад, — напомнил врач. — Все в порядке.

— Иногда все меняется за двадцать четыре часа, а тут полгода…

— Кто врач, вы или я?

— Врач вы. Но для вас он — пациент. Один из многих. А для меня — муж. Один-единственный.

остановись, мгновенье…

Лев Григорьевич не стал упираться. Дениса положили в стационар и стали обследовать. Просеяли, как муку через сито. Ничего не нашли.

— Ищите, — приказала Катя.

Обследование продолжилось, и тайное стало явным: рак простаты в первой стадии. Самое начало.

Лев Григорьевич был смущен. Он посмотрел на Катю и сказал:

— Ну вы ведьма…

Встал вопрос об операции. Рассматривалось два варианта: радикальная и частичная. Можно было удалить часть пораженной железы, а за вторую половину побороться. Это сохранило бы Денису все мужские функции.

Катя позвонила «черепахе».

— Режьте все! — распорядилась «черепаха». — Главное, чтобы он был живой, а не лежал в гробу с торчащим пенисом.

Грубо, но разумно. Катя считала так же. А Денис не считал ничего. Он был так напуган, так хотел жить, просто жить, и оттенки жизни его больше не интересовали.

Денис спросил у хирурга:

— А как выглядят раковые клетки?

— Как гречневая каша. Только красного цвета, — ответил хирург.

Денису стала мерещиться эта кровавая гречневая каша. Он не мог заснуть. Плакал.

Приходила Катя, приносила черную икру, очищенные гранаты.

— У меня рак, — сообщал Денис, как будто это была новость.

— У тебя был рак, а сейчас его нет. Мы его поймали на первой стадии и прихлопнули.

— Рак нельзя прихлопнуть окончательно. Он вернется и убьет меня. Он живой и непобедимый. Бог таким образом чистит планету. На Земле не бесконечное количество воды, еды, нефти. Надо экономить. Ты думаешь, почему всегда были войны?

— Почему?

— Чтобы сократить количество ртов, убрать слабых.

— Рак лечится, — сказала Катя. — Скоро он исчезнет.

— Другое появится.

— И другое победим.

Помолчали.

— Думай о чем-то позитивном, — предложила Катя. — О своих дальнейших планах. Какие у тебя планы?

— Мне надо пристроить Марину…

Катя затаила дыхание. Значит, пионерку зовут Марина… Одной ногой в могиле, а думает о любовнице…

Пришла «черепаха», принесла свое объемное пузо на коротеньких ножках.

остановись, мгновенье…

Денис закрыл глаза. Он никого не хотел видеть, кроме Кати. Катя смотрела на него и понимала: теперь он ЕЕ. Пусть слабый, испуганный, жалкий, но ЕЕ.

Если Денис собирается выдавать Марину замуж, значит, он от нее отказывается. Не просто бросает на произвол судьбы. Обустраивает. Порядочный человек.

Пионерке не в чем его упрекнуть. Денис выбрал свою семью, где ему легче стареть и умирать. А Кате удалось удержать падающую башню. Она сохранила свое прошлое, настоящее и будущее, которые накренились и обещали превратиться в осколки и обломки.

Денис вернулся из больницы. Его навещали друзья и коллеги, и каждому он говорил, вытаращив глаза:

— У меня рак…

— Был рак, — торопливо вмешивалась Катя. — А сейчас его нет. И больше не будет никогда!

— Да? — уточнял Денис.

В его глазах стояла надежда, как у ребенка, которому пообещали цирк.

В цирке клоуны, звери, акробаты под куполом. Надо только дождаться. Впереди так много интересного…

Катя взяла фотоаппарат и сфотографировала его глаза — большие, тревожные, полные надежды.

Никогда

Татуся была некрасивая, но молодая (полное имя — Наталья). Хорошо воспитана. Из хорошей семьи, хотя что значит хорошая? Отец — ученый, изучал основы марксизма-ленинизма, на ребенка внимания не обращал. Маленькая дочка устремлялась в кабинет отца и лезла ему на колени. Вбегала жена и выдворяла ребенка из кабинета. Рабочее место отца — святая святых, буквально алтарь. Папе нельзя мешать, папа ученый. Папа сидел над своей рукописью часами, уставившись в чистый листок.

Папа — мужчина. А мужчина должен обеспечивать семью: жену и дочку. Так что папа сидел в своем алтаре и обеспечивал.

Мама Татуси — с янтарными бусами и холмистым задом — числилась красавицей, работала пограничником: берегла свою территорию. Охраняла мужа от секретарш и аспиранток. Не старый, денежный ученый — лакомый кусок. За ним глаз да глаз, иначе уведут. Такое случалось часто. Рассеянный ученый оказывался в новом пространстве, а прошлая жена оставалась стоять с открытым ртом.

Правильнее было бы родить второго ребенка, брата или сестричку для Татуси. В настоящем семья бы укрепилась, а в будущем — близкий человек, родственник. Родственников должно быть много. Или хотя бы кто-то один — брат или сестра. Но нет. Никто не думает о будущем. Все думают о неудобствах беременности.

Татуся выросла неброская, но очаровательная, как княжна Марья Болконская из «Войны и мира». Все обращали внимание на прекрасные глаза княжны, поскольку все остальное проигрывало. Нечто подобное происходило и с Татусей. Все замечали ее лебединую шею, тяжелую гриву волос, и это всё.

У молодых, как правило, своя компания. В компании Татуси были девушки и парни, как положено, зарождались страсти-мордасти, танцы-обжиманцы. Хотя обжиманцы — это танго. А в современных танцах — всё на расстоянии. Каждый бесится сам по себе, выплескивает энергию как умеет.

Татусе никто не нравился из ее компании.

Лёнчик — поздний ребенок у престарелой мамаши. Он был неухожен, немыт, запущен. Все остальное — хорошо, то есть ум, фас и профиль, но ничего не надо, поскольку от Лёнчика воняло мокрым котом, а волосы грязные и стоят торчком. Буквально Гаврош на баррикадах.

Андрей — из обеспеченной семьи, модный, благоуханный, но задумчивый. Он постоянно искал себя и все никак не мог найти, в результате так и не нашел. Его печоринская апатия что-то обещала, но обманула.

Был в компании Алик — армянин, исполненный очей. Веселый, но очень непрочный. Начинающий бабник.

Володя Кошкин. Он уже тогда начал спиваться и спился в конце концов. В результате молодость Татуси уходила, как песок сквозь пальцы. Под ногами пустыня Сахара.

Все эти Алики-Лёнчики не годились для прочных отношений, а гонять порожняк — какой смысл? Потерять невинность — и то не с кем. Никто не оценит. Но был один — Толик Никитин, детдомовский, как ни странно. Учился в консерватории по классу фортепиано. Как он туда попал из детского дома? Самородок. Завоевывал первые места на конкурсах. Давал концерты с настоящим оркестром. Престарелые опытные музыканты оркестра слушали его с серьезными лицами и потом аплодировали смычками. Внешне Толик походил на немца: высокий, русый и голубоглазый. Толик — звезда, и у него был свой звездный путь. Татуся это понимала, сидела тихо и не высовывалась. Не хотела садиться не в свои сани.

За Толиком активно ухлестывала Майка Шаталова — рыжая, кудрявая. Майке кто-то сказал, что ей идет смеяться, и она постоянно всхлипывала смехом и махала перед лицом руками. Зубы — жемчуг, рыжие кудряшки трясутся — кукла. Куда там Татусе. Она вздыхала и тихо терпела чужое преимущество.

Татуся и Майка вместе учились в педагогическом институте. Там вообще не было парней. Одни девушки, при этом страшненькие. Будущие училки. Пораженки.

Майка не собиралась работать ни единого дня. Ей просто нужен был диплом. На всякий случай. Например, выйти замуж за принца Монако или за Толика Никитина.

Татуся далеко вперед не заглядывала, но она понимала: хороший педагог — это тоже талант. Талант плюс культура. Талант развить нельзя. Он есть или нет. А вот культуру... Много читать, расширять кругозор — и ты постепенно становишься другим человеком. Начинаешь по-другому слушать и слышать, по-другому говорить. Лицо меняется. У культурных людей другие лица, как у священнослужителей.

Татуся стала много читать и постепенно научилась отличать хорошую литературу от плохой. Плохая — пустота. А хорошая — насыщенность.

Мама Татуси стала бояться, что ее дочка превратится в синий чулок. Ее не интересовало женское, а именно: парни, наряды, боевой раскрас, кокетство, — и все то, чем мама Татуси владела в совершенстве. В свое время, разумеется.

Вмешался случай. Праздновали день рождения Татуси: двадцать лет. Майку она не позвала. Обойдется. Толик напился и заснул за столом. Его перетащили на диван. Накрыли пледом.

Пили и ели без Толика. Потом все ушли, а Толик остался. Сладко спал, одетый и в обуви.

Родителей не было дома, они тактично удалились на дачу, чтобы освободить помещение.

Часы показывали три часа ночи. Тишина. Ни одного свидетеля, кроме кота.

Татуся легла возле Толика, тоже одетая и в туфлях. У нее не было никаких далеко идущих планов. Просто быть рядом, дышать одним дыханием.

Толик задвигался и положил на Татусю ногу. Нога была тяжелая.

никогда

Татуся лежала и слушала, как тикают напольные часы. И так же тикало ее сердце. Раз… Раз… Раз… Это были счастливые минуты. Глаза привыкли к темноте. Толик спал — красивый, как молодой бог. Потом задвигался и открыл глаза. Увидел Татусю. Ничего не понял и не хотел понимать. Обнял. Зарылся лицом в ее лебединую шею.

— Я не Майка, — честно призналась Татуся. Она решила, что Толик не разобрался в потемках.

— Я вижу, — отозвался Толик.

А дальше было не до разговоров.

Родители могли вернуться рано утром. Татуся попросила Толика уйти к себе. Толик жил в общежитии консерватории.

Он послушно слез с дивана. Татуся сделала ему завтрак: положила на тарелку остатки вчерашнего пиршества.

Толик ел молча. Было непонятно, помнит ли он прошедшую ночь.

— Я тебя люблю, — сказала Татуся будничным голосом, без пафоса.

— Я тебя тоже люблю, — ответил Толик.

— Я тебя давно люблю, — уточнила Татуся.

— И я тебя давно люблю.

— А как же Майка?

— А что Майка?

— Ты за ней ухаживал.

— Я хотел, чтобы ты ревновала.

Татуся поперхнулась. Боже, сколько было напрасных страданий…

— Но ведь я некрасивая, — напомнила Татуся.

— Ты очень красивая…

Татуся перестала есть. Уставилась на Толика.

Толик доел и ушел.

Татуся подошла к зеркалу. На нее смотрела прекрасная юная дева с оленьими глазами и высокой шеей. Из Марьи Болконской она превратилась в Елену Прекрасную, из-за которой воевали и погибали. Вот что делает разделенная любовь.

Через два года Татуся окончила институт и они с Толиком поженились.

Эти два года надо было тщательно прятать отношения от родителей.

Мода на интимные отношения менялась. В молодости Татусиной бабушки существовал жесткий запрет на потерю девственности. Мазали ворота дегтем. Во времена Татуси следовали совету какого-то классика: «Не давай поцелуя без любви, поцелуй без любви — это пошлость». Страсть не бралась в расчет. Но у любви свои законы. Татуся забеременела. На свадьбе, слава богу, этого не было заметно.

Ребенок родился в свое время. Мальчик. Татуся мечтала, чтобы у сына были ее глаза, однако ему достались глаза отца и его тяжелый нос. В общем и целом ребенок получился замечательным. Татуся с утра до ночи любовалась им, всматривалась, не понимая: откуда он явился? Не было нигде, и вдруг…

— Как ты думаешь, — спрашивала она Толика, — откуда он? И куда?

— Ниоткуда и никуда, — отвечал Толик.

— Как это?

— Он должен пройти свой путь и оставить потомство.

— А как же бессмертие?

— Потомство — это и есть бессмертие.

Татуся не хотела верить. Ей казалось, что сыночек будет всегда.

Толик много концертировал. Ездил по крупным городам и по огородам — так назывались задворки страны. Иногда приходилось играть в сельских клубах. Публика была не подготовлена к Баху и Генделю. Откровенно скучали, переговаривались. Но Толика это не смущало. Он играл себе, для себя. Музыка его завораживала.

Композитор — проводник Бога. А исполнитель доносит до людей божественную мысль. Так что публика его практически не интересовала. У него была своя миссия.

С Толиком произошло то же самое, что с композитором Шуманом. Он переиграл руку. Возникла неразрешимая проблема со связками.

Пришлось перейти на преподавательскую работу. Толик стал выражать себя через учеников. Ученики — его инструмент.

Учеников было немного. Толик отбирал только талантливых, а талантов много не бывает. Часто занимался с ними дома. Дом превратился в проходной двор и одновременно музыкальную шкатулку.

Татуся слегка обалдевала, но ограничивать мужа не решалась. Ему нравилось так жить. Значит, он должен жить так, как ему нравилось.

Толик предпочитал набирать мальчиков. Мужская рука обеспечивает более глубокий удар. Но в тот год ему досталась сверходаренная девочка — татарка Дина. Руки у нее были маленькие, но что она ими вытворяла, этими своими ручками…

Толик ликовал, как будто он нашел на проезжей дороге многокаратный бриллиант величиной с грецкий орех.

Он постоянно восхищался этой Диной. Прожужжал Татусе все уши.

— Ну и целуй ее в зад, — отзывалась Татуся.

— Зачем? — не понимал Толик.

— Ну, если она тебе так нравится.

— А-а…

никогда

Татусе несвойственна была грубость. Это вылезала ревность, а ревность граничит с ненавистью.

Татуся ненавидела эту Дину. Подогревала мамаша.

Мамаша спрашивала:

— Что ты можешь ей противопоставить? Только сына. А она тебе — талант и молодость.

— Что же мне делать? — спрашивала Татуся.

— Не допускать. Рубить на корню.

Татуся запретила Толику приглашать Дину в дом.

Толик нашел другое место, свободное от Татуси.

Толик часто становился задумчивым, каким-то потусторонним. Ел, глядя в одну точку, не замечая, что ест.

Майка постоянно забегала к Татусе. Они продолжали дружить. Единство противоположностей.

Майка протырилась в начальницы. Работала в роно (отдел народного образования). Ходила в темно-синем костюме и белой кофточке. Татуся сочинила для нее стишок:

Позвонили из роно:
Возле школы насрано́.
Не пройти — завязли ноги.
Это, верно, педагоги.

Майка не обижалась. Она была веселая.

Долго не выходила замуж. Ей попадались женатые любовники, которые уверяли, что не любят жен, а любят Майку, но все же продолжали оставаться с женами. Потом все же вышла замуж за поляка, который учился в военной академии.

Польша — социалистический сектор, но все-таки заграница. Это был ее козырь в колоде. Татуся замужем за профессором, а Майка за иностранцем.

Татарка Дина была не только талантлива, но и тщеславна. Хотела, чтобы ее имя писали на афишах метровыми буквами.

А зачем это надо? Надо нравиться тем, кто рядом. И Татуся нравилась: папе и маме, мужу и сыну. Толик хотел второго ребенка, но Татуся боялась, что этот второй отнимет внимание к первому. А Татуся хотела, чтобы первенец (Вадик) получил ВСЁ.

Время шло. Вадик получил ВСЁ. Но много любви не бывает, так же как и денег. В жизни образовалась некоторая стагнация: сегодня — как вчера и завтра — как сегодня. Ничего нового. Однако наступил очередной вторник и принес новое.

Позвонила Майка и сообщила, что у Толика родился ребенок.

— Какой ребенок? — не поняла Татуся.

никогда

— Мужского рода. Сын, зовут Рустам.

— Этого не может быть, — спокойно сказала Татуся.

— Этого не может быть, но это есть.

— Откуда ты знаешь?

— Все знают. Кроме тебя.

Татуся положила трубку. И тут же набрала рабочий телефон Толика. Спросила:

— Это правда?

— Правда, — ответил Толик, не вдаваясь в подробности.

— И что теперь будет?

— Ничего. Извини, я не могу говорить. — Толик бросил трубку.

Татуся слушала короткие гудки. И это после всего, что было между ними…

Все изменилось. Мир рухнул. Нечем было дышать. Она вдыхала, но воздух не попадал в легкие. Он не шел в нее. Татуся задыхалась. Она умирала.

Захотелось что-то сделать: пустить газ, например. Но почему она должна заниматься самоликвидацией? Пусть это сделает Толик. А впрочем, пусть живет как хочет. Она больше в этом не участвует.

Татуся достала с антресолей чемодан и стала кидать туда свои вещи. В голове рвались мысли. Вспышки. Короткое замыкание.

Татуся закрыла чемодан и вышла из дома. Отправилась к родителям на улицу Усиевича.

Она ехала сначала на автобусе, потом на поезде метро, как Анна Каренина, и думала о том же, что и Анна.

Лучше бы Толик умер. Его бы закопали, и Толик исчез из ее жизни бесповоротно, оставив светлые чувства. А сейчас он предал, выпихнул ее на холод, и она больше никогда не согреется. Почему он сам не сказал? Почему она узнала это от других? Вся консерватория знает. Все знают. Какой позор, какая пошлость... А теперь еще ребенок. Татарчонок. Рустам, понимаешь ли... У мусульман с этим строго. Приедут братья Дины из каких-нибудь Набережных Челнов и прирежут Толика. И правильно сделают.

Татуся позвонила в квартиру родителей. Открыла мать в своих вечных янтарных бусах.

Татуся ступила в прихожую, отбросила чемодан, взвыла и прижала лицо к стене.

Появилась домработница Шура, посмотрела и сказала:

— Стену грызет...

Мать подняла чемодан и проговорила спокойно:

— Можно жить и без любви.

— Я не буду жить, — молвила Татуся.

— Будешь. Не ты первая, не ты последняя.

Отец, безумно любящий дочь, спросил:

— А зачем тебе муж? Мы у тебя есть, что еще надо?

никогда

В молчании сели пить чай.

— Все мужики кобели, — заключила мать.

— Не все, — сказал отец. — Есть порядочные.

— Порядочные — это те, у которых петух не поет.

— Какие? — не разобрал отец.

— У кого машинка не работает.

— Пишущая? — уточнил отец.

— Писающая.

— А ты откуда знаешь?

— Значит, знаю, раз говорю.

Дальше было ужасно.

Татуся сделала попытку покончить с собой наиболее легким способом: заснуть навсегда. Она опрокинула в рот горсть снотворных и запила большим количеством воды.

Мать нашла ее утром без признаков жизни. Вызвала скорую. Скорая отвезла Татусю в больницу. Там ее промыли со всех концов, вернули с того света на этот и отправили в психушку. Такой порядок. Всех самоубийц — в психушку.

Когда Татуся открыла глаза, ей показалось, что она в аду. В комнате было шестнадцать коек. На койках сидели и лежали тени. Они качались, выли, бродили по палате — кто во что горазд.

Пришел Толик. Он не смог находиться в этой обстановке и хотел забрать Татусю домой. Но оказалось, что психушка захватывает людей, как капкан. Попасть легко, а выйти невозможно. Подключили отца с его заслугами, задействовали консерваторское начальство Толика.

Татуся объяснила лечащему врачу, что именно вынудило ее на поступок. Врач покачала головой и сказала:

— Все мужчины имеют жен и любовниц. Это практически норма. И если все жены начнут кончать с собой, в стране не останется населения.

— Вы действительно так думаете? — удивилась Татуся.

— Конечно. Враг любви — привычка. Привычка убивает страсть. Требуется обновление.

— А как же мораль?

Татусе казалось, что все семейные пары живут в любви и привычка только усиливает и углубляет чувство. Каждый человек меряет по себе и не представляет другого мерила. Татуся никогда бы не отвлеклась на любовника. Зачем тратить энергию на чужого человека? У нее нет на это ни времени, ни желания, плюс брезгливость. Так же должно быть и у мужчин.

— Мужчины полигамны, — объяснила врач, — это в их природе. В их задачу входит оплодотворить как можно больше самок.

никогда

Татусе была неприятна эта бардачная теория. Именно за подобный образ жизни Бог уничтожил Содом и Гоморру. Но Татуся не возражала. Она хотела понравиться врачу и поскорее покинуть этот дом скорби.

Все кончилось благополучно. Толик заполучил Татусю обратно. Подвел итоги:

— Ну ты и вправду сумасшедшая.

— Почему это?

— Нормальный человек хочет жить.

— Я не хочу жить в грязи.

— А Вадик?

— Вадик извлечет свои уроки, — сказала Татуся.

— Значит, так... Давай больше не будем говорить на эту тему. Ты поедешь домой, и все будет как раньше.

— При одном условии: ты никогда не пойдешь к татарке и к этому ее... Рустаму. Их не существует. Понял? Никогда! Никогда! — Она потрясла кулаками над головой.

Толик молчал.

— Или так, или никак. Я не собираюсь тебя ни с кем делить.

Он обхватил Татусю обеими руками, прижал к себе ее похудевшее тело, стал целовать ее лицо, шею. От волос пахло больницей. Игла жалости и вины прожгла Толика.

— Я готов выполнить любое твое условие, — забормотал он. — Как скажешь, так и будет.

— Поклянись! — потребовала Татуся.

— Клянусь!

— Чем?

— Чем хочешь.

— Поклянись Вадиком.

— Вадиком я не клянусь.

— Ну хорошо. Тогда просто дай честное слово.

— Честное слово, — сказал Толик.

— Еще раз.

— Не надо еще раз. Получается, что ты мне не веришь.

Татуся задумалась. В сущности, у нее не было другого выхода, кроме возвращения в прошлую жизнь. Хорошо, что Толик ее зовет обратно. Мог бы уйти к Дине и Рустаму. А почему нет? С Диной у него общее призвание, а ребенок — всегда ребенок.

— Я тебе верю, — сказала Татуся.

Жизнь возвращалась на круги своя, но что-то не вернулось никогда. Застряло там. В том времени.

Началась новая жизнь. Она ничем не отличалась от старой. Толик уходил на работу и возвращался с работы. Обожал учеников. Консерватория гордилась своим мастером. Гениальный мастер ценится не меньше гениального ученика, тем более что ученик приходит и уходит, а мастер остается навсегда.

никогда

Татуся работала в школе, преподавала литературу в старших классах. Ввела во внеклассное чтение запрещенных авторов: Платонова, Булгакова, Гумилева.

Организовала литературный кружок. Обсуждали прочитанное. Некоторые ученики так заражались настоящей прозой, что сами начинали писать. Приносили. Читали вслух. Подвергались критике или, наоборот, одобрению. Татуся сразу видела одаренных.

Ей нравилась работа, и малая зарплата не угнетала. Толик — профессор. Семья обеспечена.

В школе, как правило, женский коллектив. Женщины, как правило, люди трудной судьбы. А трудная судьба, как правило, никого не украшает. Многие училки — сама серость. Их следовало бы гнать в шею, но никто не гнал. Они работали, сеяли в душах детей лень и равнодушие и желание отскочить подальше от предмета.

Сын Вадик рос быстро, как князь Гвидон в бочке. Он был совершенно равнодушен к литературе и к музыке. Ничего не читал. Учиться музыке не захотел. Слух у него был внутренний, то есть он понимал как надо, но интонировать не мог. Вадика тянуло в спорт: бег, прыжки, теннис. Вадик был перенасыщен энергией. Эту энергию следовало расходовать. Он и расходовал.

Толик расстраивался. Он преподавал чужим сыновьям, а свой оставался неосвоенным, как дикий остров в океане. Татуся не огорчалась. Она понимала, откуда ветер дует. Наследственность. Толик — детдомовский, и кто его родители — неведомо. Эта неведомая родня сдала своего ребенка в детский дом. Что от них ждать?

Вадик носил длинные волосы, которые он подбирал в хвостик, под резиночку. Татуся его обожала шумно, а Толик тихо. В кого бы он ни пошел, это был их сын, любимый мальчик. И даже более того: чем хуже, тем лучше.

Вадик не был хуже. Просто другой. Когда он появлялся на корте с ракеткой, было на что посмотреть. Татуся и смотрела. И понимала: существует язык тела, как в балете. Это красиво. Каждая мышца нацелена на смысл. А большинство гомо сапиенсов ведут неподвижный образ жизни. Либо сидят, либо лежат, а чаще и то и другое: лежат и сидят. Их даже на прогулку не вытащишь. Кресло засасывает.

Толик недоумевал: что ждет Вадика? Ну, поиграет до сорока лет, а дальше что будет делать?

— Пойдет в тренеры, — говорила Татуся. — Будет тренировать молодых. Ты ведь тоже тренер…

Время бежит вперед и только вперед. Толик иногда мечтал, чтобы время шло вспять, в обратную сторону. Однако мечты Толика оставались мечтами. А в реальности ему исполнилось шестьдесят.

Консерватория решила отпраздновать юбилей.

Набился полный зал.

Татуся надела новое платье — синее в белый горох, с кружевным воротничком. Горох снова вошел в моду. Платье молодило ее, а это не лишнее. Татуся выглядела моложе своих лет, но шестьдесят — это не двадцать и не тридцать. А у Толика ученицы по двадцать лет и сотрудницы по тридцать, так что конкуренция обеспечена.

Юбилей отмечался по привычной программе. Первая часть — отчетный концерт. Играли исключительно ученики Толика, своего рода конкурс. Лучший получал премию: грамоту и букет цветов. Грамота — под стеклом и в красной деревянной рамке. Могли бы и денег дать, но не давали.

Вторая часть — банкет с речами. Произносили преувеличенно льстивые тосты, как на похоронах.

Татуся присутствовала только на концертах. На банкеты не оставалась. Стеснялась. Хотя что ей стесняться? Ведь это был и ее праздник. Успехи Толика — это и ее успехи.

Вот и сейчас на концерте они сидели плечо к плечу, оба красивые и моложавые.

Объявили студентку с фамилией Факова. Разве можно с такой фамилией гастролировать по Европе? Факова играла старательно, но бесцветно. Не хватало нутра, хотя техника в порядке. Вряд ли из нее получится солирующий пианист. Ее потолок — аккомпаниатор.

Далее произошло нечто непонятное: на сцену вышел молодой Толик. Тот же рост, размах плеч, постановка головы.

— Кто это? — спросила Татуся.

Толик не ответил. Он подался вперед. Волновался.

А ученик не волновался. Он играл «Времена года» Чайковского, и казалось, что играет исключительно для себя в пустом зале. Он не хотел нравиться, просто внимал божественным звукам, погружался.

Его лицо было бесстрастным, только брови немножко гуляли по лбу. Татуся знала это выражение. Такое лицо было у Толика во время любви. Невозможно, чтобы два разных человека были так похожи. Может быть, ученик обожествлял учителя и стал невольно на него походить?

Татуся покосилась на Толика. Толик сидел подавшись вперед, его глаза выдвинулись от напряжения и, казалось, сейчас выпадут на

никогда

пиджак. Такой заинтересованности не бывает у посторонних людей.

Татусю пронзила догадка: сын. Ребенок татарки. Вот он — тот самый незаконнорожденный, к которому Толик клялся не ходить. Ходил. Участвовал. Растил. Платил. Учил. Сын унаследовал музыкальный ген родителей. И не просто унаследовал. Приумножил.

Татуся сидела не шелохнувшись. Звучала баркарола. Какая грусть. И какая надежда. Откуда Чайковский доставал такие звуки, которые складывались в такую мелодию? Эта мелодия стекала откуда-то сверху — сама, без усилия автора.

Время от времени пианист прикрывал глаза и покачивался. Уходил в себя.

Татуся заглянула в программу. Прочитала: «Рустам Анатольевич Никитин».

Толик дал свою фамилию и отчество. Усыновил. Обманул Татусю.

А что она хотела? Сделать его трусом? Мерзавцем?

Толик знал, каково расти без родителей. Детский дом — это зона, в которой уродуются неокрепшие души. В его случае у ребенка была мать и крепкая татарская родня. Но Толик ни на кого не рассчитывал. Он подхватил сына на крыло. И вот результат.

Толик никого не предал. И нового сына не бросил. Он не разрешил себе ни одной подлости. Вел себя по-человечески.

Татуся вспомнила, как она бесилась. «Что с ее шло?» — как говорила домработница Шура.

И Дина родила. Не побоялась. Не сделала аборт. А могла бы. И не было бы такого мальчика. А теперь есть. Сидит на сцене. Покачивается.

Зазвучала новая мелодия: «Осень».

Татуся любила «Осень» больше других времен года в сборнике Чайковского. Рустам Никитин играл бесстрастно и спокойно, как при встрече с неизбежностью. Татуся почувствовала, как глаза переполнились и слеза пошла по щеке. Она сняла слезу пальцем. Толик покосился. В его глазах стоял вопрос.

— Прекрасно... — тихо отозвалась Татуся.

Толик убедился в том, что жена не просекла, стал слушать дальше.

Рустам закончил свое выступление. Его руки какое-то время оставались на клавишах. Зал безмолвствовал, придавленный талантом музыканта. Потом аплодисменты грянули тугой волной.

Рустам встал и поклонился. Он был хорошего роста, красивый, с мусульманским флюидом. На него хотелось смотреть не отрываясь.

Толик не хлопал. Переволновался.

никогда

Татуся решила остаться на банкет. Ее посадили во главу стола рядом с мужем. Но она не любила сидеть во главе. Перебралась в конец стола, села среди студентов. Кто она такая, чтобы светиться у всех на виду? Татуся предпочитала затеряться.

Напротив оказалась студентка Факова, а рядом с ней Рустам Никитин. Факова явно льнула к Рустаму, шуровала руками под столом.

Передние зубы у Факовой выдавались вперед подковой. Татуся подумала: с такими зубами неудобно целоваться.

Стол был накрыт привычной зимней едой: салат оливье, холодец, картошка, квашеная капуста. Из напитков — водка «Столичная» и вино в пакетах.

Никаких особых деликатесов, но голодным не останешься.

Факова ела не останавливаясь. Рустам почти не ел. Казалось, что он не отошел от выступления. Был еще там, во «Временах года».

Факова шлепнула ему на тарелку кусок холодца. Рядом — ложка хрена.

— Вам водку или вино? — Она подняла глаза на Татусю.

— Вино, — сказала Татуся.

Факова наполнила фужер.

— Рустам, скажи тост! — велела Факова.

— Тост, — отозвался Рустам.

— Ты чего? — не поняла Факова.

— Ты велела: скажи тост. Я и сказал.

Было видно, что Рустама угнетает активность Факовой, но ее глубокое декольте, влажные зубы, настырные глаза делали свое дело. Он подчинялся.

Выпили. Вино было плохое, но все-таки вино. Татуся сделала несколько глотков, поставила фужер на место. Рустам ковырнул вилкой свой холодец.

— Вы с мамой живете? — спросила его Татуся.

— Нет. Мама в Германии.

— А почему вы не вместе?

— У нее там семья. А у меня здесь музыка.

Значит, Дина нашла немца и свалила. Правильно сделала. Но с кем же Рустам?

— А вы женаты? — спросила Татуся.

— Он еще молодой, — ответила Факова.

— А девушка у вас есть? — поинтересовалась Татуся.

— Есть, — ответила Факова. — А почему вы спрашиваете?

— У Рустама большое будущее.

— А при чем тут девушка? — не поняла Факова.

— Очень важно, кто рядом. Неудачная спутница может погасить любую звезду.

Рустам перестал есть. Слушал.

никогда

— Вы приходите к нам, — предложила Татуся.

Подошел Толик. Он опасался оставлять жену с Рустамом один на один.

— Я пригласила Рустама к нам в гости, — сообщила Татуся. — Пусть приходит со своей девушкой.

— А когда? — спросил Рустам.

— Когда хотите. Хоть завтра. Мы будем вас ждать. Что вы любите: рыбу или мясо?

— Он любит и одно и другое, — ответила Факова.

Татусе захотелось сказать: «А вас не спрашивают», но она промолчала.

Обратно возвращались пешком. От консерватории до дома сорок минут хода. Не близко, но и не далеко. Толик молчал. Смотрел перед собой.

— Я должен тебе что-то сказать, — решился он.

— Не надо, — ответила Татуся. — Не надо мне ничего говорить. Я все знаю.

— Давно?

— Давно. Три часа.

— И что скажешь? — бесстрашно спросил Толик.

— Скажу, что прав был ты, а не я.

Толик молчал. Пауза затянулась.

— Маневич не пришел, — заметила Татуся. — Друг называется...

— Он неплохой, но невоспитанный, — объяснил Толик. — Детдомовский. Какое там воспитание...

— Маневич детдомовский? Он же еврей...

— Ну и что?

— Евреи своих детей не бросают.

— Сейчас евреи мутировали, как вирус. Они и пьют, и бросают...

— Я не дам ему жениться на этой барракуде.

— Кому, Маневичу?

— Рустаму.

— Мы вместе найдем ему правильную жену, — поддержал Толик.

— А ты знаешь, какая правильная?

— Знаю, — сказал Толик. — Такая, как ты.

Они остановились под фонарем и поцеловались.

Мимо пробежала стайка молодых людей. Они обернулись и прыснули в кулак. Им показалось смешно, когда целуются пожилые люди. Они еще не понимали, что старости нет. Есть только жизнь и смерть. День и ночь.

Как дела, Веруха?

Первый раз я увидела Веру Васильеву в фильме Ивана Пырьева «Сказание о земле сибирской». Юная, ясная, наивная. В нее моментально влюбляешься и моментально веришь.

Вторая роль — фильм «Свадьба с приданым». Герой поет: «Из-за вас, моя черешня, ссорюсь я с приятелем…»

Черешня — точный образ Верочки Васильевой тех времен: тугая, свежая, сладкая, но не приторная. «Не гламурная», как бы сейчас сказали. Не худая, не высокая, но столько очарования, правды и простоты в ее облике. Плюс серебряный голос. Посмотришь, послушаешь — и хочется жить.

Прошло время. Оно идет для всех одинаково. Пришла пора называть по имени-отчеству, но она осталась Верочкой. В одной из моих повестей есть такая фраза: «Не изменилась, постарела только».

Вера Кузьминична видоизменилась в аристократическую сторону. Была простушка, стала леди. Похудела, спина прямая, благородная седина. Но из глаз — тот же свет, доверчивость, отсвет детства.

Верочка любит людей и верит людям.

Ей близки мои книги, и она тянется ко мне. Мы подолгу говорим по телефону. И если бы кто-нибудь услышал наш разговор, никогда бы не поверил, что это разговаривают две глубокие старухи. Полное впечатление, что говорят девятиклассницы, старшие школьницы. О чем мы говорим? О любви. О нашей любви, которая нас накрыла когда-то с головой. И мы до сих пор это помним. Мы почти забыли, как нас зовут, но помним тех, кого мы любили.

Я прочитала слова: «Кот ушел, а улыбка осталась». Так и у нас с Верочкой: любовь ушла, а дрожание воздуха вокруг нас осталось.

Верочка любила талантливого человека. За что? За талант. Это единственное, что интересно. Талантливый человек — как театр, каждый день разный.

Кто-то сказал: «Ценность человека в его умении любить».

как дела, веруха?

Верочка кинулась в любовь, как в море, и поплыла без отдыха. Но мужчина — это другая человеческая особь. Мужчина не может постоянно держать высокий градус чувства. А женщина может и требует того же самого от мужчины. Это прекрасно описал Лев Николаевич Толстой в романе «Анна Каренина». Анна не смирилась и бросилась под поезд. А Верочка вышла замуж за другого.

Через много лет, когда, казалось бы, все осталось позади, они случайно столкнулись в театре. Он сел рядом с ней и спокойно спросил: «Как дела, Веруха?» Верочка почувствовала, что вулкан, дремавший в ее груди, взорвался и полилась горячая лава. Она готова была встать и пойти за ним босиком по снегу на край света. Но «Вронский» поднялся и пошел своей дорогой. И что было в его груди — неизвестно.

Меня поразило то, что она не обиделась, не обозлилась, не хотела мстить. В ней живет какое-то глубокое благородство, мудрость верующего человека.

Я не знаю точно, верит ли она в Бога, но Бог в ней живет. Это безусловно.

Я не люблю стариков, которые доживают. Я люблю людей любого возраста, которые живут.

Верочка в свои немалые годы живет полной жизнью: наряжается, путешествует, играет новые роли, охотно смеется, смотрит с любопытством. А в глазах — тот же черешневый цвет и отблеск детства.

Верочка, как хорошо, что ты есть!

Твоя Виктория.

Содержание

повесть

рассказы

Литературно-художественное издание

токарева
виктория самойловна
остановись, мгновенье…

Редактор А. Мотина
Художественный редактор Н. Данильченко
Корректоры Е. Туманова,
Т. Филиппова, Т. Дмитриева
Технический редактор Л. Синицына
Компьютерная верстка Т. Коровенковой

В оформлении обложки использовано фото
© Yganko / shutterstock.com; © VovanIvanovich / shutterstock.com
Фото на задней стороне обложки из личного архива автора

ООО «Издательская Группа «Азбука-Аттикус» –
обладатель товарного знака «Азбука»
115093, Москва, ул. Павловская, д. 7, эт. 2, пом. III, ком. № 1
Тел. (495) 933-76-01, факс (495) 933-76-19
E-mail: sales@atticus-group.ru

Филиал ООО «Издательская Группа «Азбука-Аттикус»
в г. Санкт-Петербурге
191123, Санкт-Петербург, Воскресенская набережная, д. 12, лит. А
Тел. (812) 327-04-55
E-mail: trade@azbooka.spb.ru

ЧП «Издательство «Махаон-Украина»
Тел./факс (044) 490-99-01
e-mail: sale@machaon.kiev.ua
www.azbooka.ru; www.atticus-group.ru

Знак информационной продукции
(Федеральный закон № 436-ФЗ от 29.12.2010 г.)

Подписано в печать 22.07.2020.
Формат 84×108 $^{1}/_{32}$. Бумага офсетная.
Гарнитура «Original Garamond».
Печать офсетная. Усл. печ. л. 12,6.
Тираж 20 000 экз. B-TIG-27154-01-R. Заказ № 4007/20.

Отпечатано в соответствии с предоставленными материалами
в ООО «ИПК Парето-Принт». 170546, Тверская область,
Промышленная зона Боровлево-1, комплекс № 3А
www.pareto-print.ru